2012 综合卷

中原地产红皮书

CENTALINE PROPERTY REDBOOK

中原集团研究中心 著

中国建筑工业出版社

内容提要

本书以翔实的第一手数据资料及调研资料，系统地介绍了2011年和2012年上半年中国房地产市场的总体情况，以及保障性住房、标杆房企、住宅市场、商业地产等各细分专业市场的发展与变化。并着重分析了近10年来调控政策下的房地产市场发展特点及规律。尤其是2011年以来严厉的“限购”和“限贷”政策笼罩下，国内房地产市场的发展变化。在预测未来市场走势的同时，亦对政策的有效性、限制性做出探讨，并提出建议。本书可对房地产专业人员分析研究市场环境与发展起到借鉴作用，对普通大众的投资置业行为也具有很强的指导意义。

序一

2012年的大陆房地产市场顺利在平稳中过渡。

从2011的下半年开始，在政府的综合拳连连打击下，开发商在压力下低头，纷纷采取以价换量保命的策略，房价终于出现松动往下之势。而价格回落亦带动了成交量上升，整体市场略见回暖，这个趋势一直延伸到2012年。一手房价格在第2个季度企稳后略为反弹，但由于库存仍然庞大，升幅温和；反而城区的二手房价自春节后每月小步上扬，反映需求殷切。

房价下跌，中央政府的压力减轻，调控也不用再采取过往大开大合的狂轰乱炸。而且环球经济恶化的坏影响逼近，过度打压房地产市场也会增加经济滑坡的压力，所以调控基调主要是要保住成果，防范房价反弹，措施更为细腻，一时松一点，一时紧一点，都是微调为主，力度不大。政府的调控功夫娴熟，使得整体市场在2012年相对平稳。

市场虽然平淡，但细心品味，仍然可以看到一些逐步清晰的发展脉络。第一，行业集中度进一步提高；第二，整体开发增速放缓会导致未来供应出现阶段性短缺；第三，一、二线城市在首次置业与改善置业的需求并存下发展较为稳定；第四，二手市场将会成为城区成交量主流。

今年的红皮书就如实地记录了这一段大陆房地产历史中的不温不火岁月，也揭示了这些未来的发展趋势。

黎明楷

中原集团主席

2012年11月2日

序二

2012年的中国房地产市场可以是说一个关键但平稳的一年。在2011年实施的严控房地产措施下，2012年市场坚守在调控下寻找“蜕变”。年初的降准降息以及调控政策的微调，使得市场成交热情随之启动，不但迎来了三月份的小阳春，也迎来了六、七月份的成交高峰。进入下半年中央政府频频释放调控楼市的决心并且暂停降准降息的步伐，房地产市场进入较为平稳的发展阶段，并一直持续至年底。

回首整个2012年，我们认为这是调控大背景下，市场自身供应与需求正常互动的结果。压抑的需求终于在一个平缓的市场中得到释放，其中一线城市表现尤为抢眼，交易量较2011年有大幅提升，房价也基本恢复至2011年调控前水平。二、三线城市则在量上表现不俗，房价方面并未有太多升跌。大中型开发商销售较好，现金流得到明显改善，并在下半年积极布局土地市场。但是土地布局方面呈现结构性分化：一线城市和核心二、三线城市的土地市场火热，而其他三、四线城市的土地市场仍未见启动。

展望2013年的房地产市场，环球经济下滑未有改善迹象，美国维持超低利率至2015年中的政策也随着奥巴马的连任而成为既定的政策选择。全球流动性随着美元的超发，对于中国的房地产市场将有一定支撑。国内政府换届因素也将带来更多的政府投资活动，并将维持一个较为扩张的信贷投放格局，因此在整个房地产市场的资金层面将不会出现过于紧张的局面。不过住房按揭将继续执行差别化政策，住房按揭利率优惠的空间也不大。总体来看，预计2013年房地产成交量将稳中有升，房价和地价将保持平稳。

房地产行业是一个波动性较强的周期性行业，对于市场的波动我们需要抱有敬畏之心，关键是做好自己，积极提升管理和服务水平，与我们的合作伙伴肩并肩战斗。我衷心祝愿今年的红皮书继续紧贴市场脉搏，分析市场信息，再一次成为中原合作伙伴了解市场，进行决策最有力的支持工具。

中原地产中国大陆区总裁

2012年11月12日

目录

第 7 章 阶段性放缓 二手房市场曲折前行

第 8 章 写字楼市场回归平淡 回暖尚待时机

第 9 章 数据概览

第 10 章 英文摘要

公司

附录
图表目录

插图目录

表格目录

综合

第 1 章
调控与博弈并存的 10 年

纵观 2003 年以来中国房地产市场 10 年 4 次调控，中央政府和地方政府两级政府之间关于房地产调控政策的博弈从未间断过，尤其在“限购”为主导的本轮调控中，两级政府间的博弈更是明显。2011 年底以来，全国范围内 40 余地区对房地产调控政策的各层面进行了微调或暗松，部分地区微调“叫停”事件也屡有发生。博弈格局的进退直接体现在地方政府政策执行力度的松弛，并最终决定了政策的实际效力，进而影响调控效果。本章将对历年调控进程中，两级政府博弈的各相关因素进行浅要分析，探寻博弈规律的同时试图理清后市政策走向。

1.1 调控效果受制地方政策执行力度

中央政府对房地产市场泡沫的担忧以及房地产市场硬着陆的恐慌是近 10 年来楼市调控的根本动力，历次重磅调控政策的出台，其导火索无一不指向“房价波动过大 ”。无论是打压式还是刺激性调控，政府多采取土地、金融、财税、行政等组合拳。然而仅有政策，市场并非一定显效。在历次调控进程中，由于地方过度倚重土地经济，对中央的调控政策或选择性执行，或落实不力，是使各地房价陷入“越调越涨”怪圈的重要原因之一。因此，政策的针对性、有效性以及地方政府的执行力度将最终决定市场走向。

首先，长期来“一刀切”的政策无法兼顾不同发展阶段的城市。由于中小城市正处于房地产市场的发展高峰，刚性需求刚刚开始释放，以抑投资、压需求为核心的调控难以起效。每轮宏观调控其所受影响普遍较弱。如，在前几轮调控期间，天津、武汉、哈尔滨、青岛、大连等房价涨幅较高的城市虽出台相关细则规范土地市场、限制房地产开发投资，但由于这些地区投资投机需求不热，旺盛的本地需求依然支撑着房价继续上涨。直到 2012 年，持续的“限购”、“限贷”、“限价”才使得本轮调控在部分二、三线城市显效。

其次，地方政府的政策执行力度分化，造成各地调控效果亦千差万别。地方政府的政策执行力度，反映出两级政府的博弈一直存在，这既包括各地方所出台新政的严厉程度，也包括地方政府对这些新政的执行尺度，从而最终决定了政策的实际效力，进而影响调控效果。新政严厉程度高、执行较为严格的城市，则市场调整的步伐和速度相对较快。如 2005 年上海市场的调整，2007 年深圳市场的率先下调，以及本轮调控，全国范围内大部分城市成交量的锐减均可印证。

既然地方政府执行力度很大程度上决定了调控效果，那么找出左右地方执行力度的主要因素，则对后市预测具有重要的指导意义。通过对不同时期调控历程的分析可以看到，除了政治考量外，市场的量价走势与地方政府执行力紧密相关。房价走势决定了新政力度，政策执行后的市场反应又反过来影响进一步政策的微调和执行的尺度。

中国房地产市场历次调控措施及内容（2003 年以来） 表 1-1

调控周期	调控要素
2003—2006 年	■ 政策指向：房地产投资规模过大、住房价格上涨过快、供应结构不合理、房地产市场秩序混乱 ■ 调控重点：2005 年宏观调控政策全面调控房地产市场的供需结构，采用包括土地、金融、财税等政策组合拳，着重抑制房地产价格过快上涨。2006 年， 采用有针对性的调控政策，严控土地与紧缩信贷，进一步调整供应结构 ■ 政策文件：2004 年 “8.31 大限”、2005 年《国八条》、2006 年《国六条》等上海政策相对较为严格，2005 年初上海市政府连发新政如限转按揭、率先征收营业税、部分银行限制贷款、取消贷款优惠利、推出两个一千万并降低其预售标准 ■ 主要措施：严格征收二手房交易营业税、提高房贷首付比例、实施 90/70 调整供应结构
2007—2008 年 3 季度	■ 政策指向：流动性过剩，热钱涌入，投机泛滥，抑制房价过快上涨 ■ 调控重点：重点解决社会保障住房和市场化住房的矛盾、供不应求的矛盾以及资金流动性过剩的矛盾，手段包括，扩大公房、打击囤地及紧缩货币 ■ 政策文件：2007 年国资发 227 号、2007 年建住房 284 号、2008 年国发 3 号等 ■ 主要措施：加息、上调存款准备金率、收紧房地产信贷（二套房贷），以及加强住房保障体系建设
2008 年 4 季度 —2009 年 10 月	■ 政策指向：商品住宅交易量继续萎缩，房价同比出现下降。宏观经济政策从“两防”转向保增长；支持房地产开发企业积极应对市场变化 ■ 调控重点：鼓励普通商品住房消费；加大对普通商品房建设的信贷、税收等政策支持，鼓励引导各地因地制宜地稳定和发展房地产市场 ■ 政策文件：财税 137 号、财税 174 号、银发 302 号和国办发 131 号等 ■ 主要措施：降息、下调购买普通住房契税税率、暂免个人买卖印花税和营业税、免个人转让出售的土地增值税；降低购买首付比和个贷利率；加大土地供给，整顿市场秩序；房地产开发项目的最低资本金比例由 35% 恢复至 30%
2009 年 11 月 —2012 年	■ 政策指向：部分城市房价上涨过快，投资、投机性需求过热 ■ 调控重点：抑制不合理住房需求、增加住房有效供给、加快保障性安居工程建设、促进房价合理回归、加强市场监管、抓紧房地产调控长效机制的研究 ■ 政策文件：《国十一条》、《国十条》、《土地十九条》、住建部 53 号文、新三十六条、《新国八条》《新国五条》、国土资电发 7 号等 ■ 主要措施：大量增加住宅用地供应，其中保障性住房、棚户区改造和中小套型普通商品住房用地不低于住房建设用地供应总量的 70%；46 城限购、120 城限价、全国范围内严格执行差别化信贷；大力推进保障房建设；二手房营业税征免时限恢复至 5 年；上海、重庆开展房产税试点；加强市场监管，强调问责制度
综　述	■ 调控目的：2008 年第 4 季度至 2009 年 10 月的调控在于通过房地产拉动经济增长，其余几次调控都以抑制投资性需求，防止房价过快上涨为目的 ■ 调控导火索：房价波动过大 ■ 调控城市范围：2004—2006 年热点城市为以上海为首的长三角市场；2007—2008 年以深圳为首的珠三角市场，受金融危机波及到全国；本轮调控的热点城市为房价涨幅过大的城市，主要集中于省会城市和计 划单列市 ■ 几轮调控的共性：旨在通过加大供应、抑制需求两方面入手稳定房价或促进房价合理回归；手段主要包括财税、金融、土地、行政等政策组合拳；其中信贷收紧短期内对市场降温最奏效 ■ 本轮调控的特性：采取了强硬的“限购”直接通过行政手段抑制需求端，叠加严格的“限贷”成为史上最严调控；调控博弈广泛、深刻

数据来源：中原集团研究中心

中国房地产市场历次调控效果分析（2003 年以来） 表 1-2

调控周期	调控要素
2003—2006 年	■ 上海是本次调控的重点，出台了很多相对较为严厉的政策，因此上海房价应声而落，并开始了长达一年半的徘徊。2005 年 4 月，上海房价达到阶段性高点后回落，至 2006 年，降幅达到 20%；深圳、北京等热点城市，房价增长依然较快 ■ 长三角地区商品住宅交易明显萎缩，成交价格下降；其他区域未现明显调整 ■ 全国房地产开发投资增幅下降、建设速度放缓；商品房销售面积及销售额小幅增长，销售价格增幅放缓
2007—2008 年 3 季度	■ 2007 年底，受紧缩政策影响，投资泛滥的珠三角地区市场出现调整，深圳、广州等城市成交量锐减，价格出现持续下跌，市场显现观望情绪 ■ 2008 年，受金融危机影响，国内经济不景气，房地产市场调整自珠三角波及全国；下半年起，房地产开发投资锐减、土地出让困难，市场观望情绪加剧；商品住宅销售困难，价格持续缓慢持续下降 ■ 经济低迷，商业地产市场走下坡路 ■ 深圳、广州住宅售价自 2007 年阶段性高点累积下跌约 20%~30%、上海及北京累积下跌约 10%~15%
2008 年 4 季度—2009 年 10 月	■ 受房地产刺激新政的影响，2009 年住宅市场量价齐升，起初由前期积压的自住性需求的释放所带动，随之由投资性需求的跟进而推波助澜 ■ 2008 年底货币政策再次宽松，房地产开发投资增速开始回升，由 2009 年 2 月的 1% 快速上升至 9 月的 35%
2009 年 11 月—2012 年	■ 本轮调控以来，调控效果呈现出由一线城市向二、三线城市逐步显现的特点 ■ 2010 年一线城市在内的调控重点区域住宅成交量大幅下降，但全国范围内住宅销量依然维持上升，价格上涨势头尽管有所遏制，但价格下调这一调控的核心目标亦尚未实现 ■ 2011 年 3 月起，全国重点城市范围内，商品住宅成交量迅速下滑，2011 年下半年起，大部分重点城市已出现价格松动的迹象，市场观望情绪浓厚、降价潮从一线城市向二、三线城市蔓延。二手业主惜售，一、二手房价倒挂现象显著 ■ 2012 年 3 月起，随着各地微调四起，以及信贷开闸带来的利好，新建住宅成交持续回暖，成交价格基本止跌甚有微涨；中原二手价格指数也持续温和上涨
综　述	■ 市场背景发展不同，不同城市受调控影响有异。由于二、三线城市正处于房地产市场的发展高峰，需求刚刚开始释放，每轮宏观调控其所受影响普遍较弱；但 2010 年以来的本轮调控，持续至 2012 年，调控效果开始在三、四线城市显现 ■ 新政执行较为严格的城市，市场调整的步伐和速度相对较快；2005 年上海市场的调整，2007 年深圳市场的率先下调，以及本轮调控，全国范围内大部分城市成交量的锐减均是如此 ■ 几轮调控可看作是连续的、有阶段的整体调控，呈现出力度逐步加深，手段更加丰富、范围更广泛的特点

数据来源：中原集团研究中心

1.2 房价走势影响中央地方博弈程度

纵观历次调控，房价涨跌幅越大，两级政府越统一，地方新政力度大，执行状况好；而房价的小幅涨跌反而使两级政府博弈深化，地方政策执行弹性增加。

当房价快速上升时，从中央到地方都较担心房地产泡沫的产生，此时两级政府关于房地产调控具有较高的一致性。2004 年，以上海为核心的长三角地区因投资过热而使房价大幅上涨备受关注。该地区各地方政府严格贯彻中央调控精神，上海甚至出台了更为严厉的限转按揭、征收营业税等政策。2007 年，深圳、广州为核心的珠三角地区，投资投机需求过热，房价涨幅过快，除了严格落实中央的信贷政策，深圳还出台了限外令抑制境外投资，并规定新增商品房用地出让时必须捆绑适当比例的政策性住房等。较为特殊的是，2009 年 2 季度，全国性房价筑底回升，并快速反弹。反弹前期，属于金融危机后的市场恢复期，此时中央及地方政府并未引起足够重视，继续刺激房地产消费；直到 2009 年底，房价涨势明显超出警戒线时，中央及地方才意识到泡沫的危险性，不得不再度统一到防止房价过快上涨的战线上。

当房价温和上涨，即房价年增幅不高于当年 GDP 增幅或人均可支配收入增幅时，地方政府尝到了因房价上涨而带来的土地增值、税收增加等甜头，其希望房价保持一定的速度继续稳步增长，调控执行则有所放宽。例如，几轮调控期间，部分房价涨幅较温和的地区对落实调控政策的积极性不高，地方政策的力度有限，执行宽松。从 2011 年各地出台的限购细则及执行情况可看出，房价增幅过大的城市如北京、上海、南京、武汉等在限购要求的范围及执行范围都较严格，一般是全市范围限购；而房价涨幅相对温和的城市如福州、大连等则往往要求或执行局部限购。

当房价缓慢回落时，即调控效果初显时期，中央政府多强化调控措施以巩固调控效果。然而，房价的小幅回落将影响后市信心，地方政府往往采取微调政策的办法降低政策对市场的打压，此时的两级政府博弈最为强烈。如 2008 年上半年，房价持续下探，部分地方政府先后放松了房地产调控措施，并先于中央政府出台了一些地方性刺激住房消费的举措。2011 年底，大部分地区房价开始出现环比微跌，此后全国 40 多个地区的政策相继开始不同程度的微调。

而当房价处于快速回落期时，两级政府博弈又有所减弱。例如，2008 年下半年受金融危机影响，房价一路下跌，继地方政府微调各地政策之后，中央政府亦转换调控方向，由抑制房价过快上涨转换到鼓励房地产消费。并于 2009 年开始了一系列刺激政策。在特殊困难时期，为防止房价硬着陆，并为充分发挥房地产对经济的拉动作用，中央及地方两级政府齐力“救市”。

图 1-1 历次调控中重要政策出台与房价走势的关系

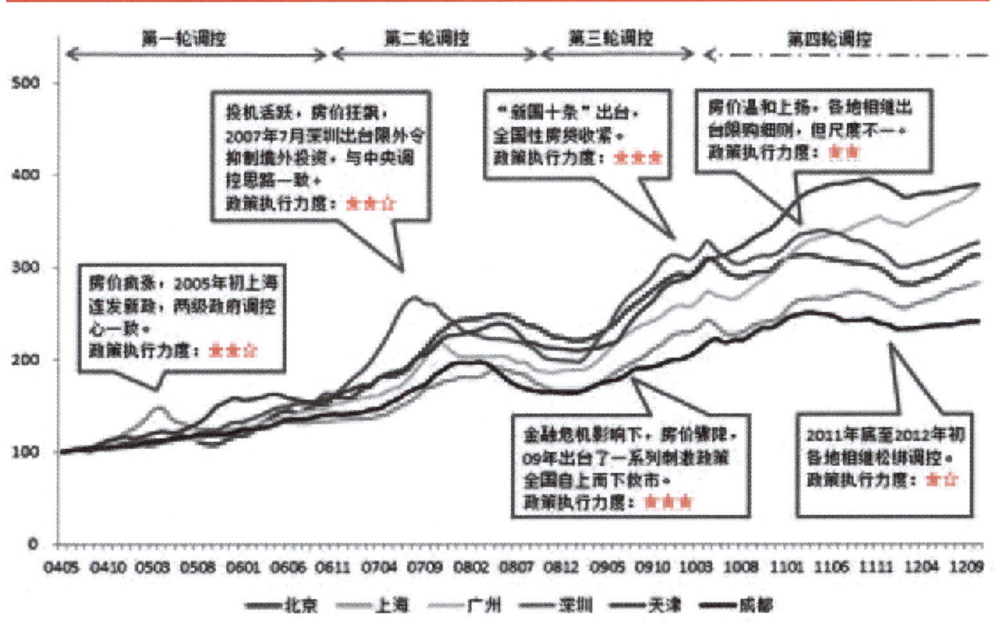

注：地方政府执行力度★ > ☆
数据来源：中原集团研究中心

1.3 成交冷暖左右地方政策微调尺度

长期以来，最高决策层更多地将房地产调控的因果聚焦于房价。如果说房价的涨跌情况是地方政府博弈考虑的首要条件，是地方执行的先行因素，决定了执行松紧的方向，那么成交量低迷的程度则是微调的直接动力，决定了微调的尺度。

房地产市场遵循明显的“量在价先”规律，而成交量的走势直接关系着地方政府的财政收入，因此地方政府对成交量变化尤为敏感。在房价小幅回落前，往往成交量已累计了一段时间的下滑，此时地方政府放松政策执行尺度的冲动尤为强烈。 2008 年上半年及 2011 年下半年楼市成交下滑之初，部分地方政府便开始放松已有政策执行力度，甚至另辟蹊径，寻求政策微调空间以拉动成交。

据中原不完全统计，2008 年前 3 季度共有 18 个地区对房地产调控政策进行了微调，2011 年底至 2012 年初全国 40 余地区在调控政策的各个层面进行松绑。而微调的尺度与成交的低迷程度有着紧密联系，成交越低迷，地方政府大尺度微调的冲动越强。如 2012 年初期成交萎缩最为厉害的长沙和石家庄，曾分别尝试从降低首套房首付比例、放松限购细则等方面进行了微调。虽然两地微调新政均未落地，但低迷不堪的楼市成交无疑是地方政府大尺度微调博弈的直接动力。

图 1-2 主要城市新建住宅市场成交量对微调幅度的影响 (2011 年—2012 年 2 月)

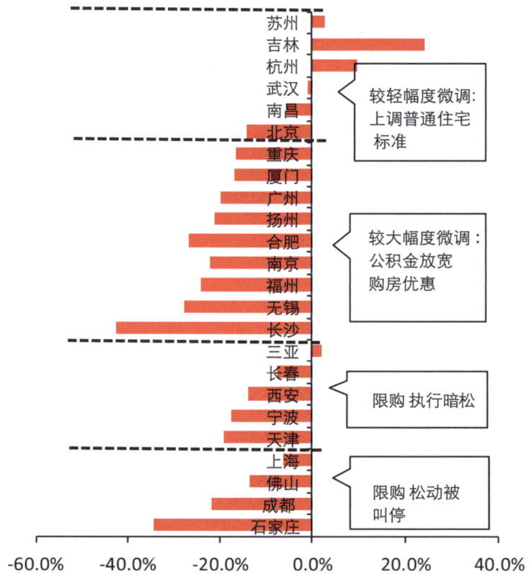

苏州
吉林
杭州
武汉
南昌
北京
重庆
厦门
广州
扬州
合肥
南京
福州
无锡
长沙
三亚
长春
西安
宁波
天津
上海
佛山
成都
石家庄

较轻幅度微调：上调普通住宅标准

较大幅度微调：公积金放宽购房优惠

限购执行暗松

限购松动被叫停

-60.0% -40.0% -20.0% 0.0% 20.0% 40.0%

注：成交量变化为 2011 年 6 月— 2012 年 2 月的月均成交量相较于 2011 年月均成交量
数据来源：中原行业监测系统

1.4 维稳宗旨决定调控政策执行谨慎

2008 年，因全球金融危机爆发，楼市高压调控中止，取而代之的是自下而上的全面“救市”。2011 年底开始，不少地方政府延用 2008 年的老路，试图在调控政策的各个层面进行松绑。2012 年初，住建部、央行先后释放满足首套房贷需求的信号，“微调”的博弈性质被弱化。

然而，时隔3年，各方环境较2008年有根本不同，两级政府的较量也有质的差别，本轮调控中央政府有更明确的调控目标，更坚定的调控意志，超越调控底线的微调措施均被叫停。刺激政策主要针对刚性需求并聚焦边缘政策，以限购、限贷为核心的调控不容触碰。究其原因主要有：第一，2011年底以来经济增长呈现疲软状态，但整体环境仍好于2008年，全面刺激增长难再现。第二，稳增长更注重可持续性，将转换经济结构和发展方式放在了更突出的位置，而经济的减速为转型创造条件。第三，政府经历了一次因“救市”而带来的房价疯长后，在调控的方向性问题上更谨慎，并意识到通过房地产刺激经济增长无异于饮鸩止渴。第四，社会舆论和媒体监督对政府施加了更大的压力。第五，刚性需求和改善性需求的稳步释放，楼市量价逐步趋稳。

尽管“全面救市”难以重演，但我们认为，后续出台更严厉新政的可能性也相对较小。主要原因在于，限购背景下，后市需求难以大规模启动；房企去化压力大，供应节奏仍将平稳，已有政策若能严格执行，市场不具备大幅反弹的基础。

2008年与2011年底地方政府微调措施对比　　表1-3

微调举措	2008年	2011年底至2012年上半年
土地政策	直接缓解开发商资金，增加其购买力	松绑土地出让方式，吸引开发商拿地
税收政策	房企、消费者税费减免	仅针对首次购房者、特殊人才退税
购房落户	增加外地人购房需求	仅部分非限购城市采取此措施
购房补贴	不同房屋梯级补贴以鼓励需求	针对特殊人才或首套自住发放补贴，全面性补贴被叫停
公积金贷款	贷款额度提高、还款年限增加、申请条件放宽、二套房、二手房贷款首付放松	贷款额度提高、还款年限增加、申请条件放宽、但二手房、二套房仍受限。
商业房贷	首套自住以及改善性需求首付2成，利率7折	信贷政策未变，但流动性紧张导致房贷利率水涨船高，改善性需求不受保护
调整普通住宅标准	少部分城市根据房价例行调整	9个城市有调整，微调空间有限，上调普通住宅标准成为了降低刚需购房成本的重要手段之一
限购政策	无限购	限购政策面松绑均被叫停；执行层面暗松仍盛行
综述	2011年成功微调的范围未超过2008年，且力度更小。如果说2008下半年各地微调短时间内演变成两级政府齐力“救市”并几乎贯穿2009全年。那么2011年底的微调发展至2012年初，顶多是“由下而上”的调控纠偏，中央层面仅主动释放了支持首套自住需求的信号，但对限购政策、二套房认定标准，差别化信贷政策始终未做让步调整，改善需求不受保护。	

数据来源：中原集团研究中心

图 1-3 2008 年与 2011 年底至今的政策发展对比分析

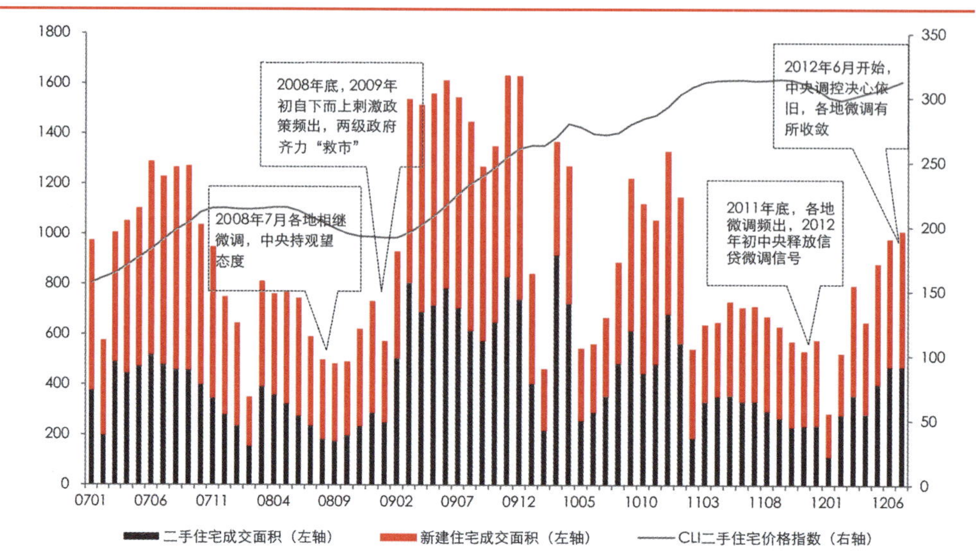

注：图中数据为北京、上海、广州、深圳、天津、成都 6 大城市成交量总和及 6 城市二手住宅价格指数均值

数据来源：中原集团研究中心

第 2 章 2011—2012 年：行政干预主导的“限制性”调控

2011 年，在全国 46 个城市限购、120 个城市限价以及严格的差别化信贷执行下，各地成交量持续低迷，打折促销楼盘增多，房价开始出现回落。楼市调控效果逐步显现的同时，全国范围内 40 余地区对房地产调控政策的各层面进行了微调或暗松，部分地区微调“叫停”事件也屡有发生。2012 下半年，微调之风基本停息，政策再显从紧势头。

图 2-1 中国房地产政策发展路径图（2011—2012 年 8 月）

政策路径	46城限购	120城 限价	限贷
2011.01.28 国务院新“国八条”	**2+41城：密集升级** 41城：所有省会城市、计划单列市和部分房价上涨过快城市；大部分城市尺度由限制“新购”升级到“本地限三、外地限二”； 2城：兰州和舟山延续2010年限购政策	**608+120城：目标出台** 大部分城市公布的房价控制目标以GDP增幅或人均可支配增幅为参照，涨幅较2010年均价控制在10%~15%。 住建部公布约有608城公布房价目标； 根据公开监测到120个城市的房价目标	**差别执行** 首套房贷首付30%； 二套贷款首付款比例由2010年的不低于50%上浮到2011年的60%,利率不低于基准利率的1.1倍
2011.07.14 国务院新“国五条”标准	**3城：温和出台 执行暗松** 各地执行分化：大连曾放松执行范围；天津、厦门等地新房执行存操作空间；高居房价涨幅榜的三线城市大多未出限购，仅衢州、台州、珠海出台限购	**2城：目标可控** 广州郊区的增城、从化以限价代替限购 **5城：涨势失控** 上半年廊坊、丹东、韶关、烟台、深圳房价涨幅较大。年中出台限价	**额度趋紧** 首套房与二套房贷额度逐步收紧，贷款审批排到明年 部分首套房首付上浮到40%，利率上浮至1.05倍到1.1倍； 二套房利率1.1倍到1.2倍；
2011.12月 中央经济工作会议			
2012首季度手套房信贷解冻	**4城：底线试探** 佛山限购松绑12小时内紧急叫停；成都爆出限购优化之举，上海限外放松均一周内叫停；石家庄限购微调被否决；8城暗自放松限外执行	**3城：直指目标** 珠海、中山出台限价，增城限价升级，直指年初目标	**适时微调** 3次下调存款准备金率，两次降息，宽松的货币环境基本形成
2012年7月 巩固房地产市场调控成果的紧急通知	**5城：限购执行收紧** 北京对伪造居住证骗购进行查处；上海单身人士限购收紧、停止受理补缴社保过户工作；5城加强限购审查、严处违规	**仅3城：再提房价目标** 北京、上海再提房价稳中有降；佛山均价涨幅控制在10%以内	**显收紧之势** 首套房优惠利率收窄，中小银行回归基准利率，中行基本9折，
2012年调控维稳 增供应受关注	中央强调限购持续	数字调控逐渐淡出	信贷决定后市走向

注：图中数据为北京、上海、广州、深圳、天津、成都 6 大城市成交量总和及 6 城市二手住宅价格指数均值

数据来源：中原集团研究中心

2.1 限贷：时紧时松 信贷影响显著

2011 年以来，货币政策告别“适当宽松”，开始“稳健运行”。上半年，央行连续 6 次上调大中型金融机构存款准备金率达到 21.5% 的历史高位，使商业银行信贷额度速冻。3 月，银监会要求严格实行“动态、差别化的个人住房贷款政策，限制各种名目的炒房和投机性购房”，亦使得个人房贷定向收紧。

虽然政策初衷是打压投机投资型购房行为，但其执行结果已较严重地误伤到首次购房需求。由于信贷额度持续收紧，银行的利差诉求使得包括首套房在内的房贷利率水涨船高。2011 年底各大银行首套房利率较年初执行的标准已上浮超过 3 成，利率的涨幅抵消了房价微跌带来的实惠，刚需购买力收缩。由此，住建部、央行相继释放满足首套房贷需求的信号。

随着经济形势的不容乐观，央行加速流动性的释放。2011 年底至 2012 年 9 月底，央行连续 3 次下调存款准备金率，并于 6 月 8 日、7 月 6 日相隔不到一个月连续 2 次降息。在银行流动性逐步释放的支撑下，2012 年起，首套房贷获批速度提高，利率优惠重启。2012 年上半年，全国大部分地区首套房利率已由去年的上浮逐步恢复至最低 8.5 折的优惠。此外多地纷纷放宽公积金贷款政策，如提高贷款额度、延长还款年限、放宽准入条件等，且两次降息均同步下调了公积金贷款利率。首套信贷的开闸使得刚需购房按揭贷款的能力进一步提高，还贷成本明显下降。

然而，银行利率市场化的背景下，首套房贷优惠政策波动较大。2012 年 8 月以来，部分中小银行开始收紧首套房利率优惠至基准利率，甚至暂停首套房贷业务；中国银行多地分行也收窄首套房优惠力度至 9 折；尽管工商银行、建设银行、农业银行首套房贷最低 8.5 折优惠的政策未变，但对客户资质的要求更高，房贷收紧势头已初步显现。预计第 4 季度，随着贷款额度的消耗，首套房贷利率或再现 2011 年底的全面上浮。而在刚需为主导的市场下，一旦房贷政策出现收紧，势必将影响市场成交量。

图 2-2 2008 年以来主要节点房贷利率比较

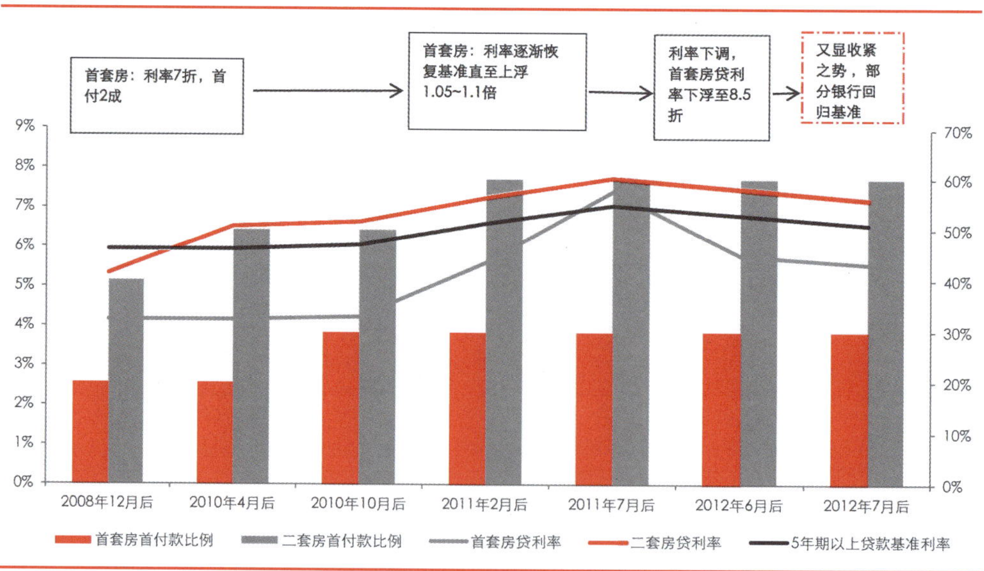

注：图中数据为北京、上海、广州、深圳、天津、成都 6 大城市成交量总和及 6 城市二手住宅价格指数均值
数据来源：中原集团研究中心

2.2 限购：明松暗放 各级博弈持续

“限购”已成为本轮调控影响市场的主要因素之一。2011 年 1 月颁布的“新国八条”使“限购”扩展到全国所有省会城市、计划单列市和部分房价上涨过快的城市，执行力度也从 2010 年的限“新购一套”加强到“本地限三，外地限二”。截至 2011 年 11 月，大部分已“限购”城市的住宅成交量大幅下滑，且“限购”执行严格的城市成交下挫更为明显。然而“限购”叠加“限贷”对市场的杀伤力使得地方政府政策执行动力不足，而由于整体信贷环境由中央把控，地方只能在“限购”层面寻求腾挪空间。

2011 年 10 月，佛山成为全国首个直接松绑限购的城市，其赤裸裸地鼓励投资性需求，结果于 12 小时内被紧急叫停，留下了“一日游”的笑柄。此后 11 月，成都欲放松对限购环节的审核，透露出对投资投机性需求的暧昧态度，因而胎死腹中。时至 2012 年，先有上海通过咬文嚼字的方式重新定义户籍家庭概念，大开需求之口，但一周内被叫停；而后石家庄针对限购的微调和细化措施未经发布即被叫停。

从各地政策微调的曲折经历显示，限购底线不容触碰。截至 2012 年 9 月底，任何松绑限购的新政终未遂。然而，由于地方政府一直缺乏严格执行限购的动力，所以明松未遂，暗放盛行。2011 年底至 2012 上半年，天津、厦门、成都等 7 城市在政策执行口径上均存在一定程度的暗松。此外开发商也试图通过各种方式突破限购关口，如宁波象山县只要购房一次性付款，即可购多套等。

随着市场逐步回暖，中央再三强调调控不放松的背景下，2012 年 5 月起，限购令又显收紧之势，北京加大了对伪造“绿卡”购房的相关人士进行处罚，6 月上海收紧了非户籍购房者的认定资格并取消非户籍单身人士的购房资格。8 月国务院督查组巡查之后，北京、上海、广州、海口等地也进一步加大了限购环节审查力度。

2.3 限价：数字目标淡出 预售监管替代

2011 年 1 月出台的 “新国八条”中明确要求各级政府须在一季度公布房价控制目标。截至 3 月 31 日，全国已经有 608 个城市公布了房价控制目标。就有公开数据的 120 个城市的房价控制目标来看，大多数城市以当地 GDP 增速、人均可支配收入增长速度为标准，基本把房价涨幅控制在 8%~15% 之间。从 4 月上旬开始，国务院派出 8 个房地产市场调控督查工作组，对 16 个省市自治区、直辖市贯彻落实国务调控政策措施情况开展专项督查。随着政府加大对调控执行的监管力度，自 2011 年 3 月开始，各地陆续出台了具体“限价”措施。

从“限价”措施公布的时点来看，大部分城市均在 2011 年 7 月 15 日的“国五条”后出台，且多为未“限购”的三线城市，似有规避“限购”之嫌。从“限价”条款来看，各个城市虽然对房价控制的幅度不同，限价方式不同（按最高价、项目均价、按户型分类均价），但均直指年初公布的房价调控目标，多为临时性措施。从市场影响来看，早期未出“限购”而执行“限价”的增城、从化有效避免了成交的下滑。中原监测数据显示，增城、从化“限价”后的月均成交套数较“限价”之前分别上浮 58% 和 11%。而临近年关才出台“限价”的珠海、中山，以及“限价”再升级的增城，其短期冲关意图致使不少开发商更多地选择在捂盘中熬过年底。如中山多个单价高于限价上限的楼盘都采取了先认购、待“限价令”结束后再网签的方法进行销售。据中原监测，中山限价后 3 天，日均网签量下降 30%。

随着“促进房价合理回归”取代“防止房价过快上涨”成为调控总目标，2012 年各地房价控制目标再以 GDP 增速、人均可支配收入增长速度为标准显得不合时宜。然而，考虑到房价短期内合理回归不切实际，中央并未要求各级政府公布 2012 年房价控制目标。截至 2012 年 9 月底，仅 3 个城市在对楼市调控任务的表态中提及房价。其中北京、上海两地均表态今年要实现新建住房价格稳中有降。佛山市则明确提出，“今年的调控任务是商品房销售平均价格上涨控制在 10% 以内”。

房价控制数字目标的淡出致使地方政府执行“限价”的动力不足。2011年执行“限价”的9城中，中山、增城明确提出限价执行期限为2011年底，其余城市均未明确提及“限价”的执行期限。2012年，仅深圳提出“限价令”短期不会退出；尽管中山继续限价，但限价上限已由去年的5800元/m^{2}上调至6590元，“房价合理回归”似乎遥遥无期，而其余城市的“限价”执行更是不了了之。

与2011年部分未限购城市出台“限价”以规避“限购”相似，2012年下半年以来，随着楼市的持续升温，为避免更严厉的新政落地，一些限购执行较严的一、二线城市率先收紧了预售流程的监管。如郑州发布《关于进一步规范商品住房销售价格行为的通知》要求开发商严格执行商品住房明码标价及价格变动备案制度；南京对一些上半年已大幅调价的楼盘进行约谈，希望他们控制增速，并驳回了多个楼盘提价申请。北京亦及时采取了对企业的约谈和告诫，在商品房预售审批过程中进行价格引导和监督。广州则对市区个别异常高价的住宅项目暂时采取适当限制预售规模、控制交易节奏的措施。这些城市并未直接对预售楼盘进行明确的“价格”限制，通过约谈或推盘规模限制给予开发商一定压力，较2011年的“限价”更宽松、灵活。此外，9月中旬以来，多地启动了“一房一价”普查，商品房价格的透明化有利于控制开发商乱涨价。

2.4 力挺刚需入市 各地微调盛行

2011年底至2012上半年，“限购”焦点之外，针对刚需或改善性需求的松绑蔚然成风，主要涉及购房优惠、公积金贷款放宽、税费减免、房源解禁等多个层面。购房优惠主要通过经济或者制度方面的优惠吸引刚需入市。如重庆、杭州的购房补贴；长春、无锡等地放宽购房落户门槛。税费减免则主要通过购房退税以及上调普通住宅标准以减少刚需购房成本。放宽公积金贷款的系列措施，由于切实降低了刚需和改善性需求的购房成本，对拉动楼市成交起到了立竿见影之效，在全国范围内掀起了跟风推进的浪潮。据中原统计，截至2012上半年，全国共有21个地区放宽公积金贷款政策。

然而成交回暖的背后，房价又现上涨势头，截至2012年9月，6大城市二手住宅价格指数已持续6个月全面上扬。房价的小幅持续反弹，致使楼市变得异常敏感，从6月的“辟谣”到7月的“吼声”不断再到8月的督查组“巡查”，调控从紧的预期逐月加强。微调之风势头放缓，各地均表态坚持调控的决心不变、力度不减，部分地区承诺对落实不到位的尽快整改。此外，大部分地区表态将从多方面进一步强化调控措施。如加强督促、问责制度，规范预售、鼓励限售、从严执行限购以及夯实住房信息系统等基础工作。

尽管自国务院督查组调研收官以来，关于是否有新政出台的猜测不断，但是截至目前，尚未有实质性政策落地，各地仍在探寻支持刚需的微调。如2012年10月贵阳提出在贵阳购买商业、办公用房和首次购买住房的，可享受本市户籍人口同等待遇。

2.5 限购退出尚早 微调空间仍存

2011年度中央经济工作会议对于房地产的表述中强调：“要坚持房地产调控政策不动摇，促进房价合理回归”，奠定了2012年的政策基调。会议提出建设多层次住宅体系的方向。首先，高端住宅靠遏制，即“推进营业税改征增值税和房产税改革试点”；其次，中端住宅靠市场，即“加快普通商品住房建设，扩大有效供给”；最后，低端住宅靠保障，即“继续加大对保障性住房等领域的投入、要抓好保障性住房投融资、建设、运营、管理工作，逐步解决城镇低收入群众、新就业职工、农民工住房困难”。然而罗马并非一日建成，从2012年的各项政策执行亦可看出，政府正在利用以“限购”为代表的行政限制措施继续为制度改革赢得时间差，加快房产税、保障房等长效措施的积极探索和开发，为多层住宅体系的搭建铺路。

然而，尽管房产税的试点及推广研究、重点城市住房信息系统的联网都在为限购的淡出做准备，但其背后牵涉的利益集团的博弈，使其推进阻力重重。此外，这些长效措施对于控制房价见效的周期长，因此，短期内“限购”退烧针的作用仍无可取代，在“房价合理回归”这一目标导向下，2012 年“限购”退出为时尚早。

尤其是 2012 年 7 月以来，为稳定政策预期，中央领导人及中央诸部委三番五次强调坚持调控不放松，并将加大各地限购政策执行的力度，对相关涉嫌违规操作者将采取问责制。7 月 19 日，多部委下发《关于进一步严格房地产用地管理巩固房地产市场调控成果的紧急通知》，从“抑地价、禁微调、促供应、严考责”4 方面将调控执行再收紧。北京、上海、广州、海口等地已声明从严限购执行，并对在售楼盘、中介机构限购执行情况展开检查。

因此，只要未来市场继续处于限购的政策环境之下，房地产市场出现大幅反弹的机会甚微。而未来房产税的逐步推出，或将为限购的微调创造空间，但地方政府需从如何合理区分投资投机性需求和改善性需求中寻求突破。

第 3 章
长效机制已然启动

中国楼市调控历经 10 年之久，政府运用组合拳的方式日趋灵活、针对性也更强。调控核心已从早期的抑制房地产开发投资进而抑供应，发展到今天的以“限贷”、“限购”等为主要手段的抑需求，并逐步向增供应发展。调控节奏也从注重短期成效向强调顶层设计发展。虽然“房价”上涨的压力致使部分行政干预手段中长期内仍将存在，但长效机制的稳步推进才是未来楼市调控关注的重点。特别是近两年来，房产税试点的启动以及保障房的大跃进发展，为限购等措施的退出奠定基础，尽管其路漫漫，但仍值得期待。

3.1 房产税：开征大势所趋 扩容谨慎待议

3.1.1 房产税改革 争议中稳步推进

2010 年 5 月 31 日，中国政府网公布了《关于 2010 年深化经济体制改革重点工作的意见》，《意见》指出要逐步推进房产税改革。此后房产税成为近一两年的行业热点词汇，围绕房产税改革的讨论争议掀起几轮热浪，直接影响着市场预期。

早在房产税受关注之前，业内一直把精力集中在物业税上。但是由于物业税需要人大立法通过，又牵扯到土地出让金、土地增值税等收费的合并，相关的《土地管理法》、《城市房地产管理法》等也需做出相应调整，难度较大。而房产税作为已有税种，可以通过调整征收范围，即从经营性用房扩展到住宅，相对容易地成为了地方政府筹集财政收入以及抑制房价、防止房地产过度炒作的政策工具。

然而，房产税改革的推进并非一蹴而就的，从着手研究到首个试点落地的漫长经历说明了这将是也必须是一项有阶段的，由点到面的，不断加深完善的工程。2003 年首次提出物业税，到如今的稳步推进个人住房房产税改革试点，中央对住宅征税的表态在不断发生变化。“逐步推进”、“加快推进”、“稳步推进”这些措辞的变化反映了政府心态从强调阶段性、速度性向强调稳定性发展。在没有充分的经验总结之前，操之过急地扩容试点甚至全面推开是不可取的。

3.1.2 沪渝率先试点 示范意义重大

经国务院常务会议同意，自 2011 年 1 月 28 日起，上海、重庆两市开展对部分个人住房征收房产税试点。上海、重庆两地同时推出的“房产税”试点版本，都主要针对高档豪宅，但也各有侧重。上海着重控制人均面积，且只对增量征收；而重庆划分房价档次，实行累计税率。本次出台的房产税由中央统一审核，对征收对象、税率范围等一系列问题进行了明确的规定。但是由于“试点”的探索性性质，政府在确定税率以及征税对象方面都较为谨慎，因此本次试点所涉及的人群范围普遍较小、税收力度较弱，示范性大于实质。房产税的推出，填补了我国住房持有领域的税收空白，意义重大及深远。上海、重庆的试点具有典型的“样本”意义，为房产税推广至全国起到表率的作用。

上海、重庆两版房产税对比

表 3-1

	上海	重庆
征收对象	1. 本市居民家庭新购第二套及以上住房 2. 非本市居民家庭在本市新购住房	1. 独栋商品住宅（包括存量和增量） 2. 个人新购的高档住房（比新建商品房建均价高两倍） 3. 非重庆户籍家庭新购第二套及以上
征收标准	按人均面积 60m^2 以上征税	累进税率：按成交均价高于近两年商品房成交均价倍数
征税税率	适用税率暂定为 0.6%(成交价低于上年度新建商品房成交均价 2 倍减免为 0.4%)，应税住房以市场交易价格 70% 计算缴纳	3 倍以下，收 0.5% 3~4 倍，收 1% 4 倍以上，收 1.2%
计税依据	参照应税住房市场价格确定评估值，评估值按规定周期进行重估	以商品房市场价格为征税基数

资料来源：中原集团研究中心根据公开资讯整理

■ 上海房产税：既往不咎尺度温和 符合征税者少

上海的购房者可分为基本的两类人群：本地居民家庭、非本地居民家庭。通过解读我们可以发现，上海房产税所针对的对象是已拥有一套住房，而在房产税出台后，又购买第二套住房的上海本地居民家庭，据估算该类人群占购房者的比例大约为 20%。而由于可以按照人均 60m^2 免征房产税，因此，仅拥有一套住房的上海家庭如果继续购买住房，只有超出以上免征面积的部分才会征收房产税。

在新版限购政策的影响下，只有已拥有一套住房的上海家庭才是房产税征收的潜在对象。因此，只要这类家庭新购住房后的累计人均住房面积控制在小于 60m^2，则无需缴纳房产税。那么，真正能够征收的对象据估算约在总购房量的 10%，同时，即使征收也只是对新增的超出部分征收。

新限购条件下上海房产税的影响范围

表 3-2

	原有房产	是否可继续购买（新版限购政策）	是否要缴税	所占购房比例
本地居民家庭	无住房	可	免税	40%
	有一套	可	缴纳	20%
	两套及以上	否	—	20%
非本地居民家庭（缴纳一定期限社保）	无住房	可	免税	20%
	一套及以上	否	—	
非本地居民家庭（未缴纳一定期限社保）	无论套数	否	—	

资料来源：中原集团研究中心根据公开资料整理；所占购房人口比例为估算

拥有一套住房的上海家庭的构成及免征面积　　表 3-3

家庭人口	家庭构成	免征面积
1 人	单身成年人	$60m^2$
2 人	无子女夫妻	$120m^2$
3 人	有未成年子女夫妻	$180m^2$
3 人	有成年子女夫妻，但成年子女未婚且无房	$180m^2$

资料来源：中原集团研究中心根据公开资料整理

■ 重庆房产税：直指高端市场及投资需求，影响面有限

从重庆已出台的房产税方案来看，针对征税对象分了三类，并对税率划分了三级累进税率。目前重庆规定房产税的征收对象为三类，即：（1）个人拥有的独栋商品住宅。（2）个人新购的高档住房。高档住房是指建筑面积交易单价达到上两年主城九区新建商品住房成交建筑面积均价 2 倍（含 2 倍）以上的住房。（3）在重庆市同时无户籍、无企业、无工作的个人新购的第二套（含第二套）以上的普通住房。

分析比较该三类征税对象可以看出，第三类在新版限购政策下基本被限购在外，因此不符合征税对象。而第一类独栋商品住宅在主城 9 区在售的项目几乎没有，所以可能仅对存量有影响，再加上扣除的免征面积 $180m^2$，符合征税条件的量屈指可数。

而第二类个人新购的高档住房，据重庆国土资源房管局公布数据，2009—2010 年重庆市主城区商品住宅建筑面积均价为 5144 元 $/m^2$。根据中原集团研究中心对 2010 年重庆新开楼盘的统计，均价高于前两年均价 2 倍以上的楼盘套数占全市的比重仅 9%，且平均套均建筑面积为 $116m^2$，如若扣除免征面积 $100m^2$，则符合征税要求的房屋量较少。

3.1.3 争议众多未解 房产税扩容需谨慎

2011 年底中央经济工作会议明确提出要推进房产税改革试点，2012 年 8 月，全国 30 多个省（自治区、直辖市）和计划单列市的地税官员开展房产税税基评估集训以来，房产税试点扩容并将对存量房征税的传言不绝于耳。然而房产税试点扩大并非沪渝两地房产税的简单复制。沪渝两地房产税的探索中存在着一些问题。如，房产税操作认定环节复杂，涉及政府部门众多，征税的技术操作环节尚不成熟；两地征收范围有限，重庆只对主城区征收，上海只对新购房征收。这些问题或将在扩容中得到新的调整，其中，是否对存量房征税以及如何征收在业内引起不小争议，至今仍未达成共识。

我们认为无论是从增加地方政府的财政来源来看还是从促进房地产市场健康发展的角度出发，对存量房征税将是大势所趋。但需理清房产税涉及的相关问题：

一是，房产税征收目的不明确。从历次关于房产税的探讨中可以看出，房产税争议热点期总是调控关键期，2011 年沪渝两地房产税试点也是当时调控工具之一。政府期望通过增加房产保有阶段的税负，而对流通阶段阶实行差别化课税将导致投资收益预期落空，更多的房源流通到二手市场，从而抑制房价的上涨。但恰恰相反，在市场供需结构未发生根本性改变的情况下，以及国内投资渠道不畅的环境下，房产税带来的持有成本的增加必将转接到买家或租户身上，引起房价、租金上涨。因此，房产税试点无可争议，但后续如果进一步扩大甚或全国推广，房产税推行的目的和意义就必须要明确。

二是，房产税征税依据及计税方式值得推敲。据公开资料可以查询到的现行房产税参考法规为 1986 年颁发的《中华人民共和国房产税暂行条例》，规定个人所有非营业用的房产免纳房产税。但不可忽视的是，当时国内土地基本以无偿划拨为主[1]，且个人住房大多为单位分房[2]，而目前的市场已和当初完全不同，自 2004 年起经营性用地全部采用招拍挂等有偿出让方式取得。

但从沪渝两地试点来看，虽然税率各有不同，但税基都是根据房地产市场价格评估的房地产价值，没有考虑已经支付的土地价格。如上海规定，房产税计税依据为参照应税住房的房地产市场价格确定的评估值，评估值按规定周期进行重估。试点初期，暂以应税住房的市场交易价格作为计税依据。而当前市场情况下，住房市场交易价格中的土地价格占比普遍在 30% 以上，高的甚至超过 50%。因此，房产税税率的设置、计税依据的条件、房屋价值的确定等规则仍需进一步完善。

三是，暂时缺乏完善的房地产信息系统作支撑。从去年起，住建部便开始推进 40 个城市房屋信息系统的建设和异地联网工作。单从技术层面考虑，40 个重点城市联网并不困难，然而各地实际情况不同，并涉及各方利益的调解，操作层面难以统一。截至目前，住建部未正式公布 40 个城市房屋信息系统联网完成情况。

总之，房产税改革首先是作为我国财政税制体制改革的重大工程，其次才是作为房地产调控的长效机制在推进。从长远来看，房产税对抑制投资投机性需求能起到一定作用，但对促进房价回归效用有限。然而每一次房产税改革的推进都处在楼市调控关键期，作为稳定调控预期的信号出现，难免会误导群众对房产税作用的认识，夸大其对房价的抑制作用。政府在完善制度的具体规则和配套措施的同时，需明确房产税改革目的，加大房产税改革的宣传力度，使公众对其理解并认同。

关于推进房产税改革试点的动态一览（2012 年） 表 3-4

部位 / 人物	时间	事件 / 文件	表述
国务院	2011/12/12	中央经济工作会议	推进房产税改革试点
财政部部长谢旭人	2011/12/26	2011 年财政部年度工作会议	认真总结房产税改革试点经验并稳步推进
住建部部长姜伟新	2012/02/18	住建部机关工作会议	将配合有关部门加快研究推进对个人住房征收房产税工作；其中一项非常重要的内容，就是加快推进个人住房信息系统建设
国务院总理温家宝	2012/03/05	2012 政府工作报告	加快建设城镇住房信息系统，改革房地产税收制度
财政部部长谢旭人	2012/03/06	2012 两会答记者	与上海、重庆两市人民政府一起，总结试点经验，在此基础上进一步研究推进房产税改革的方案，适当扩大试点范围，积极稳妥地加以推进
重庆市市长黄奇帆	2012/03/06	2012 年中央两会	建议今年在全国推开或多一些城市试点房产税；房地产调控也应从行政性为主，转向经济杠杆为主的调控
国务院批转发改委文件	2012/03/18	《关于 2012 年深化经济体制改革重点工作意》	今年适时扩大房产税试点范围
住建部副部长齐骥	2012/03/24	岭南论坛	研究扩大房产税征收城市，并还未确定有哪些试点城市
国家税务总局	2012/08/16	地税官员开展房产税税基评估集训	30 多个省（自治区、直辖市）和计划单列市的地税官员正在开展为期 6 个月的房产税税基评估集训，此次培训班是涉及对存量房征税进行税基评估，进而为房地产税试点向全国铺开提供技术和人员储备
湖北地税部门	2012/08/22	湖北税务部门否认正制定房产税细则	该省并没有接到国家税务总局和财政部的任何通知，连前期的调研都还没做过。如果湖北省明确开征房产税，税务部门会统一公开对外发布消息

1 1987 年 11 月 26 日深圳首次有偿出让土地使用权开创了国内土地有偿出让的先河；

2 1998 年 12 月，国务院《进一步深化房改加快住房建设的通知》明确停止住房实物分配，逐步实行住房分配货币化开启了国内住房制度改革。

续表

部位 / 人物	时间	事件 / 文件	表述
财政部部长谢旭人	2012/8/29	十一届全国人大常委会第二十八次会议	要严格实施差别化住房税收政策，抑制投机投资性购房需求，将稳步推进个人住房房产税改革试点”
国税总局	2012/09/03	国税总局：基本住房需求或将予以一定税收优惠	房产税扩大试点方案以及细化的征收标准和办法尚未最终确定；房产税对抑制房地产市场的投资投机行为有一定作用，但作用是有限的；在扩大房产税改革试点问题中，他们将充分考虑居民基本住房需求，对属于基本住房需求的部分予以一定的税收优惠
深圳市地税局	2012/09/19	经济参考报报道	成立了存量房按评估价格征税领导小组，目前已先行应用于工业和商业房地产的房产税征管，未来也会涉及对城市居民自住性房产的存量房部分进行评估；现在还没有接到上级通知说深圳是否开征房产税，何时开征
杭州市政府	2012/09/19		现阶段还在制定实施细则，并未进入实质性操作阶段，试点时间也未确定
国税总局政策法规司巡视员丛明	2012/09/20	第五届中国企业税务管理创新大会	房产税下一步将扩大试点范围，并逐步建立房地产税制度，房地产税具体深化时间可能在年底或明年初

数据来源：中原集团研究中心根据公开资讯整理

3.2 保障房：开发建设提速 制度保障待举

3.2.1 建设规模高位运行 多渠道快速推进

作为本轮调控的浩大工程，保障房建设在 2012 年继续推进，尽管新开工量由 2011 年的 1000 万套调低至 700 万套，但加上去年未竣工的保障房，今年在建保障房规模仍约有 1800 万套。住建部公布数据显示，2012 年 1—8 月份，全国城镇保障性安居工程新开工 650 万套，开工率为 87%，基本建成 420 万套，达目标 84%，完成投资 8200 亿元。

保障房漂亮的开工、竣工数据有赖于中央和地方政府的集体输血。2012 年前 6 月中央财政已投入金额超过 2000 亿元；地方政府自发债规模亦扩增 25%，并将优先投资保障房建设。与此同时，社会融资方式也不断创新。一些地区尝试运用私募债、信托、票据等金融工具投资保障房。如天津成功发行全国首支保障房资产支持票据，首期发行额 20 亿元，产品期限 1~5 年；天津同时获得国开行 412 亿元贷款，支持其 15 万套公租房建设任务；安徽 4 地列入第二批公积金贷款支持保障房建设试点城市；北京、青海先后发行保障房私募债；上海浦发银行试水国内首单保险资金保障房债权投资计划，发行与保障房建设挂钩的信托计划，并积极探索引入保障房定向工具、REITS 等其他方式。我们认为，政策的支持以及先行城市的探索创新，将使保障房融资模式更多元化，低成本、低风险、高额度融资可期，两级政府财政压力有望缓解，保障房资金来源中社会融资占比会更高。

此外，2011 年以来两级政府从土地、分配、退出等各个方面不断推进完善保障房建设工作。

供地方面，中央一直强调优先供应保障房用地，近 3 年来保障性住房用地供应呈逐年增加势头。2010 年落实保障性住房用地 2.51 万 hm^2，2011 年落实用地 4.36 万 hm^2，2012 年计划安排保障性住房用地供应 4.76 万 hm^2，前 8 月已落实 2 万 hm^2。2012 年 9 月 29 日国土部、住建部联合发布通知，要求建立保障房、中小套型商品住房行政审批快速通道。一些地方政府对竞配建的土地出让方式进行了相关规定。北京要求普通商品住宅用地中配建保障性住房比例一般不低于 30%；并将保障房最低竞配面积由原来的 $100m^2$ 提高至 $1000m^2$；佛山顺德区提出可以通过招拍挂方式推出保障房建设用地。山东将尝试对旧城、旧村改造项目试行“限地价、竞政策性住房面积”。上海国土局网站数据显示，2011 年上海成交的 60 幅居住用地中明确规定中小户型配建比例的幅数比例达 43%。而今年 1—8 月的要求配建地块幅数比例为 69%。

分配方面，部分地区在实践摸索中不断调整申请标准，其中公租房准入门槛调低尤为显著。如，重庆市公租房最初的申请条件不限户籍，但限定“个人月收入 2000 元，”这一门槛在实际操作中成了最大限制因素，大部分农民工都无权申请公租房，随即两次大幅度放宽申请门槛，致使该市公租房“供大于求”的局面得到合理改善。之后北京、上海、深圳多地也降低公租房申请门槛，不限资产、户籍等。郑州放宽收入、年龄限制；广西则将中等偏下收入的流动人口纳入公共租赁住房供应范围；现在大部分地区公租房保障范围都突破了户籍限制，并将部分夹心层家庭、单身人士纳入保障对象。但需要注意的是，申请门槛大开闸，而分配采取摇号等轮候方式，在租赁需求旺盛的大城市存在低收入人群被挤出问题。为此，一些地区引入自由市场的房屋作为房源的补充，在保障家庭领取补贴后，可轮候租赁政府提供的公共租赁住房，也可到指定机构租赁政府通过市场收储的住房，或自行到市场租赁住房。

保障房的退出也更合理，深圳、北京基本形成了经适房的封闭式运营，2012 年 9 月出台的《基本住房保障条例》草稿亦强调了政府的优先回购权，经适房牟利空间基本得以清楚。郑州要求新购经适房上市交易获取的差价 70% 须上缴政府；济南将通过“阶梯房租”等方式实行廉租房柔性退出政策。北京、济南等地区规定了政府收回租赁性保障房的几种情形，以保证已有保障房的有效利用。

3.2.2 公租房主体地位凸显 租金管理先行探索

在大力推进保障房实物建设的同时，保障房的设计问题日益突出，项目的选址、配套、标准、分配、退出等在各地都出现过一些问题。然而调控的实践、市场发展的实践反过来不断指导决策层完善顶层设计。上海、广州两大一线城市对经济适用房的一“挺”一“停”，反映出各地对保障房结构的衡量与思索，但各地无一例外地突出了公租房的主体地位。而《公共租赁住房管理办法》的出台则标志着保障房制度探索迈出了里程碑式的一步。这是我国开始大规模建设公租房来，首次出台全国层面的公租房管理办法。实际上 2012 年以来，随着大量租赁性保障房的入市，部分城市已先行出台了地方法规。其中关于公租房、廉租房租金管理的探索最突出。

（1）“指导价”与“定价”并行

一些地区（如江苏、福建）在制定租金标准时，充分考虑了投资方的差异性，实行政府定价和政府指导价两种方式：政府投资建设并运营管理的公共租赁住房租金实行政府定价；各类企业和其他机构投资建设、运营管理的公共租赁住房租金实行政府指导价。一直以来，公租房因其回笼资金的周期较长，社会投资积极性不高。然而政府指导价可引入合理利润这一突破性规定，将有利于吸引社会资金建设租赁型保障房。

（2）租金标准：低于市价为原则 7、9 折各占半边天

各地公租房租金标准都以低于市价为原则，主要包括两类：一是，以同地段市价的 7 折为准（如福建、江苏等）；二是，同地段市价的 9 折左右，由于京、沪两地实行“ 市场定价、租补分离”原则，租金仅略低于市场价。杭州在低于同地段市价的原则下，对不同土地等级的租金做了细化规定。此外，福建还创造性地提出了成本租金法以确定租金。

（3）补贴方式：“ 租补分离”大势所趋 操作细节尚待考究

北京、上海已率先引入“租补分离”模式，即租金和租金补贴相对独立，将补贴从市场价中分离出来。公租房租金 = 自付租金 + 租金补贴，其中公租房租金约等于市场定价，如北京公租房租金为市价的 8-9 折；上海的公租房将“略低于市场租金水平”，由此，若承租人已不再符合申请条件，不予或停发补贴，将以近似市场租金标准租住公租房，这有利于建立公租房退出机制。但操作细节上两地仍有差异，北京实行承租人先向产权单位全额交纳租金，政府再按标准向承租人发补贴的方式；上海租金补贴则按季度直接支付给住房出租人，减轻了承租者一次性支付的负担。

然而大部分地区仍存在“租补混淆”现象：公租房租金≈市场租金的 7 折 = 自付租金 + 租金补贴。这样租金本身就是市场定价的 7 折左右，即便不发放租金补贴也有很大的优惠，一方面不利于公租房的退出，只能采取强硬的惩罚措施等令其退出；另一方面，公租房成本收回的时间拖长，不利于吸引社会力量投建公租房。由此看来，“租补分离”是未来公租房管理的一个发展方向，但具体操作细节尚待考究。

（4）租赁房源：合理引入自由市场房源

除杭州明确提及公租房是指市区范围内纳入政府统一管理的房源外，其余各地均引入自由市场的房屋作为房源的补充，在保障家庭领取补贴后，可轮候租赁政府提供的公共租赁住房，也可到指定机构租赁政府通过市场收储的住房，或自行到市场租赁住房。我们认为，保障房建设探索的初期，租赁性房源供不应求，在保证一定的实物配租比的前提下，引入市场上的房源也是可取的。但也要警惕保障需求对一般租赁需求的挤压，导致市场租金不稳定。

3.2.3 有效供应备受关注 制度建设迫在眉睫

中国楼市有着鲜明的“政策市”特点，但从根本上来说，房价的合理回归最终建立在供需结构的改变上。2012 下半年来，增供应开始逐步提上日程。在保障、市场并驾齐驱的思路下，两级政府在督促开发商推盘，加强预售监管以增加普通商品住宅的有效供应的同时，亦强调尽快形成保障房的有效供应。

然而何为保障房的有效供应？首先要有明确的保障对象，公平合理的准入、退出机制保证已有保障房的分配；其次，保障房在选址和配套方面应更全面地满足居住需求，才能吸引和分流符合保障条件的市场需求。之前部分地区多个入市保障房项目空置率居高不下已引起了决策层的重视和反思，只求速度无规划低质量的保障房不仅浪费资源也难以挑起调控重任。因此保障房的有效供应不仅是量的问题，更需抓紧顶层设计、建立健全的分配和管理制度，只管建不管住的粗放开发模式势必将淘汰，已有问题的暴露为进一步完善设计、制度建设指出了方向，而两级政府也正为此努力着，我们选择相信未来保障房和市场两条腿会更加平衡。

各地保障房分类结构探索重要事件（2011 年 9 月—2012 年 9 月） 表 3-5

地区	信息来源	日期	内容要点
全国	国务院办公厅《关于保障性安居工程建设和管理的指导意见》	2011-09-28	大力推进以公共租赁住房为重点的保障性安居工程建设； 重点发展公共租赁住房；人口净流入量大的大中城市要提高公共租赁住房建设的比重 根据实际情况继续安排经济适用住房和限价商品住房建设；房价较高的城市，要适当增加经济适用住房、限价商品住房供应
江苏	《关于进一步加强住房保障体系建设的实施意见》	2011-10-12	江苏鼓励各市推行经济适用住房保障货币化，对符合保障条件的对象发放一次性购房补贴，支持其在普通商品房市场自主选购住房
江西	《关于加快推进经济适用住房、廉租住房、公共租赁住房三房合一的指导意见》	2012-01-03	各市县停止新建经济适用住房和限价商品房，廉租住房与公共租赁住房并轨
广东	《广东省住房保障制度改革创新方案》	2012-03-05	明确建立以公共租赁住房为主要保障方式的新型住房保障制度，逐步将全省现有的廉租住房、直管公房和公共租赁住房等保障性住房合并管理、并轨运行，统一归类为公共租赁住房；除已批准立项的项目外，暂停新建济适用住房，将其供应对象纳入公租房供应范围
浙江	《浙江省人民政府办公厅关于加强保障性安居工程建设和管理的实施意见》	2012-05-22	公租房作为实施城镇住房保障的主要形式
广州	《2012 年保障性住房建设项目计划和预备项目计划》	2012-05-28	2012 年，广州市保障房项目 45 个，公租房为主，占 77.6%
	新闻	2012-06-13	广州已决定今年起停建经适房，此前已开建和批复待建的 1.4 万套经适房则仍将续建

续表

地区	信息来源	日期	内容要点
石家庄	《关于进一步加强保障性安居工程建设和管理的实施意见》	2012-05-31	实行“两房并轨、租售并举”；提出将廉租房、公租房整合统称为公共保障房；政府拥有产权的保障性住房，原则上不低于保障性住房总量的 1/3
上海	《上海市人民政府办公厅关于进一步加强本市保障性安居工程建设和管理的意见》	2012-06-14	重点发展公共租赁住房；扩大廉租住房实物配租；积极发展共有产权保障住房；保证征收安置住房建设供应
杭州	《杭州十二五住房保障与房地产业发展规划》	2012-06-15	主城区保障性住房五年总建设规模达到 1390 万 m^2，约 13.1 万套；其中，廉租住房 20 万 m^2，约 0.4 万套；经济适用房 150 万 m^2，约 2 万套；公共租赁房 120 万 m^2，约 1.9 万套；拆迁安置房 1000 万 m^2，约 8 万套；人才专项用房 100 万 m^2，约 0.8 万套
河南	新闻	2012-08-02	河南召开保障房违规问题新闻通气会，透露目前河南正逐步减少经济适用房的供应，而明年将全部取消经适房
武汉	新闻	2012-08-27	武汉市房管局近日透露，今年将采购 4000 套经适房，作为公租房；从今年保障房建设计划看，10 万套保障房建设任务，经适房只有 6000 套，占比不足一成
佛山	《佛山市住房保障制度改革创新实施方案》	2012-09-06	明确提出，暂停新建经济适用住房，已建的按照只租不售的原则，将其供应对象纳入公租房供应范畴 同时，将佛山现有的廉租房和公租房合并管理，统一归类为公租房，实行以公租房为主的保障方式

资料来源：中原集团研究中心根据公开资讯监测

部分地区公租房、廉租房租金规范一览　　表 3-6

<table>
<tr><th>地区</th><th>时间</th><th colspan="3">公租房廉租房租金及其补贴新标准</th><th>点评</th></tr>
<tr><td>福建</td><td>2012-03-01</td><td colspan="3">1. 政府投资建设并运营管理的公共租赁住房租金实行政府定价；各类企业和其他机构投资建设、运营管理的实行政府指导价，租金标准可在核定的租金标准基础上上下浮动，但上浮不得超过 10%
2. 公共租赁住房的租金标准，可采用市场租金比例法测算确定，也可采用成本租金法测算确定
市场租金比例法是指按同地段或同区域、同类别住房市场租金 50%~70% 的比例确定，具体比例由所在地市、县人民政府确定
成本租金法是指按照住房成本租金的构成因素，并结合市场供求状况确定公共租赁住房租金标准的方法</td><td>租金制定较其他地区更为灵活，提供了 2 种租金计算法供参考，提到了成本因素，但没有对利润进行细化规定</td></tr>
<tr><td rowspan="5">上海</td><td rowspan="5">2012-03-02</td><td colspan="3">1. 上海的公租房将“略低于市场租金水平”，在租赁合同期内，运营机构不可单方面调整租赁价格
2. 廉租住房的租金标准，由实施实物配租的住房保障机构参照住房所在地市场租金的 80% 确定
3. 廉租住房租金标准，在廉租住房租赁合同期内保持不变；合同期满重新签订租赁合同的，应当按照届时重新核准的廉租住房租金标准执行
4. 廉租房租金 = 自付租金 + 租金补贴
5. 对承担自付租金确有困难的申请家庭，区（县）政府可以制订减免自付租金的条件、审批程序等办法，报市住房保障房屋管理部门备案后实施</td><td rowspan="5">与北京相似，也是租补分离</td></tr>
<tr><td>家庭类型</td><td>面积要求</td><td>自付租金</td></tr>
<tr><td>享受基本租金补贴标准的申请家庭</td><td rowspan="2">≤配租面积 1.5 倍的部分</td><td>家庭可支配收入的 5%</td></tr>
<tr><td>享受基本租金补贴标准 70% 的申请家庭</td><td>家庭可支配收入的 6%</td></tr>
<tr><td>所有申请家庭</td><td>＞配租面积 1.5 倍的部分</td><td>按廉租住房租金标准的 30% 承担自付租金</td></tr>
</table>

续表

<table>
<tr><th>地区</th><th>时间</th><th colspan="3">公租房廉租房租金及其补贴新标准</th><th>点评</th></tr>
<tr><td>杭州</td><td>2012-04-01</td><td colspan="3">1. 杭州市区公共租赁住房将根据土地等级不同实行差别化租金
2. 租金分为 8 级，从 36 元 /m^2·月到 10.5 元 /m^2·月不等
3. 低收入住房困难家庭租用公共租赁房，给予一定的租金减免；减免从 30%~50% 不等
4. 公共租赁住房租金实行动态管理，每两年调整一次</td><td>现在差别化租金弥补了之前“一刀切”带来的承租不公平；其次，新标准有较大幅度上扬，但仍比同地段市场租金低；总体而言，根据市场行情所做的较科学、合理调整</td></tr>
<tr><td rowspan="9">北京</td><td rowspan="9">2012-05-01</td><td colspan="3">1. 公租房租金 = 自付租金 + 租金补贴 = 市场租金的 80%~90%
2. 公租房租金 3 年不变
3. 城 6 区公共租赁住房租金补贴标准</td><td rowspan="9">实际上，中低收入家庭实际负担租金水平相当于市场租金价格的 4%~81%。实行“市场定价、分档补贴、租补分离”的原则使得公积金补贴更灵活、公平；规定公租房租金 3 年不变，在通胀压力下，其优惠力度在 8~9 折的基础上有扩大</td></tr>
<tr><td>家庭类型</td><td>租金补贴占总租金比例</td><td>租金补贴建筑面积上限</td></tr>
<tr><td>取得廉租住房实物配租资格的城市低保家庭</td><td>95%</td><td></td></tr>
<tr><td>取得廉租住房实物配租资格的其他家庭</td><td>90%</td><td></td></tr>
<tr><td>取得廉租住房租金补贴资格的家庭</td><td>70%</td><td>50cm^2</td></tr>
<tr><td>人均月收入≤ 1200 元及的其他家庭</td><td>50%</td><td></td></tr>
<tr><td>1200 元＜人均月收入≤ 1800 元的其他家庭</td><td>25%</td><td></td></tr>
<tr><td>1800 元＜人均月收入≤ 2400 元的其他家庭</td><td>10%</td><td>60cm^2</td></tr>
<tr><td colspan="3">4. 本市其他区县超出廉租住房保障条件的城镇户籍家庭公租房租金补贴占房屋租金的比例、租金补贴建筑面积上限应与城 6 区一致，家庭人均月收入分档线由区县政府确定</td></tr>
<tr><td>江苏</td><td>2012-05-18</td><td colspan="3">1. 政府或福利机构投资建设的公租房实行政府定价，租金标准为同类市价的 7 折左右，并按年度实行动态调整、公布
2. 非政府投资建设的公租房实行政府指导价，租金标准按照低于同期、同地段、同品质普通商品房市场租金水平确定，由市、县人民政府价格主管部门定期调整发布，租金收入可以包括合理利润
3. 公租房租金由市、县人民政府价格主管部门会同住房保障主管部门制定；以保证正常运营和维修管理、偿还贷款本息为原则，综合考虑住房市场租金水平和供应对象的支付能力，按照不同地段、不同房屋类别等因素合理确定；涉及部分承租人享受的物业（管理）服务费等减免或政府补贴待遇的相关优惠政策，由当地政府制定</td><td>非政府投资公租房租金引入合理利润，有利于吸引社会资金建设保障房；对租金补贴等未做详细规定，而把制定权交与当地政府，充分发挥地方政府的主动性，更好实现因地制宜</td></tr>
</table>

资料来源：中原集团研究中心根据公开资讯监测

第 4 章 行业加速洗牌 企业浴火重生

2012 年，中国房地产市场逐步走出寒冬，市场复苏明显。由于流动性改善、地方政策微调等利好因素，市场交易量呈现连续的加速回暖之势。开发商在推盘策略、产品定位以及销售策略等方面均进行了调整，标杆房企的销售表现较为平稳，总体上依然跑赢市场大势。随着宏观信贷环境开始好转，融资成本下行，房企的筹资积极性提高。由于资金实力雄厚，大型开发商在新一轮的行业整合中占据优势，适应市场变化的能力增强。随着销售的转好、资金压力的缓解以及库存的大幅消化，标杆房企以价换量减少，房价触底反弹。另一方面，随着下半年政府推地力度加大以及推地策略改变，土地市场有望走出低迷行情，对于有实力的开发商来说，依然存在拿地扩张的机会。

4.1 销售稳中有升 量价交换奏效

2012 年 1—8 月，标杆房企的销售走势明显走好，基本维持了逐月回升的趋势。10 大标杆房企总合约销售金额约 4080 亿人民币，较去年同期增加 14%。其中，招商、华润销售金额的增长速度最快，分别为 56%、54%；仅有 2 家房企销售额出现小幅下滑，分别是恒大、雅居乐，销售金额同比分别下降 16% 和 8%。由于标杆房企年初拟定销售目标时比较保守，因此从完成销售任务的情况来看，标杆房企普遍符合预期。其中，中海的销售金额为 678 亿人民币，以超额完成年度计划。

回顾标杆房企上半年的销售走势，一至二月份，受春节影响，标杆房企的成交量亦陷入低谷。进入三月份以来，由于节后刚性需求集中释放，再加上房企加快推盘节奏并广泛实行低价促销的策略，标杆房企的销售业绩开始逐渐回升。五至八月，标杆房企的总销售额快速增长，不断创出历史新高。

图 4-1 标杆房企月度销售汇总 (2009 年 1 月—2012 年 8 月)

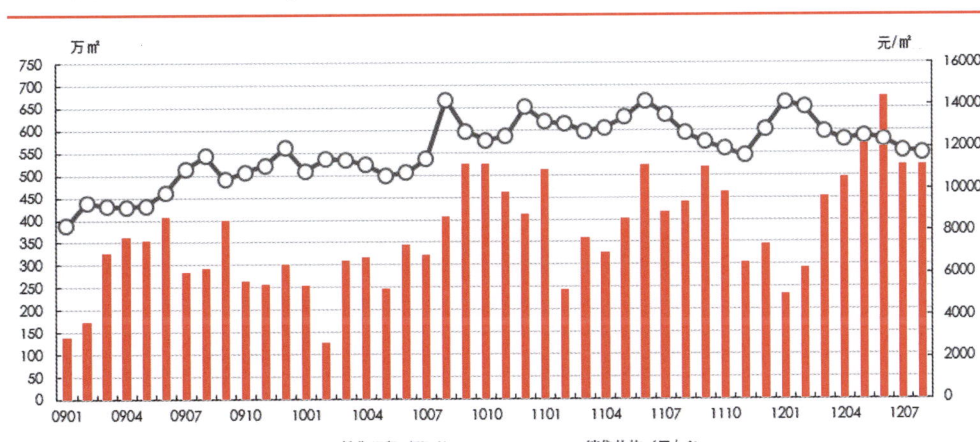

数据来源：中原行业监测系统，中原集团研究中心

今年标杆房企销售回暖的主要原因一方面得益于调控大环境的改善，刺激整体成交量回升；另一方面，在调控周期中，开发商亦积极探索适应市场变化的策略。总体上讲，标杆房企在推盘策略、产品定位以及销售策略等方面较前期均有所调整。

在推盘策略上，上半年标杆房企大量刚需产品的集中入市保证了其货源充足。近期，中原调研了今年上半年 10 大标杆房企首次开盘的约 50 个新项目。我们发现，标杆房企集中推盘期在三至四月份，新推出的项目以中小户型、低总价的刚需产品为主，并且有超过 8 成的房源集中在二、三线城市。其中，保利、万科、恒大、中海新推出的项目较多。另外，华润在两年前就已经开始调整公司的产品结构，目前其在售项目中有 7 成是二、三线城市的中低端产品，这使得华润的销售业绩较去年同期增加了约 5 成。下半年，华润的新增供应依然会集中在济南、宁波、大连、长春、长沙、青岛等二线城市。年初，富力明确提出对公司的产品结构进行调整，增加中低端产品的供应。今年上半年，富力的合约销售金额约 146 亿元，较去年同期增加约 1 成，较去年下半年有明显改善。

除此之外，价格策略亦是影响开发商上半年销售表现的主要因素。自 2012 年农历新年以后，保利、招商、恒大、雅居乐等大型房企陆续启动较大规模的降价促销活动，量价交换成为市场的普遍共识。本轮降价不少房企都制定了公司层面的整体销售策略，降价促销活动覆盖全国大部分城市和公司旗下在售的大多数项目。在总公司整体促销策略下，各区域公司促销策略更加灵活，降价促销的方式亦更趋多样化。开发商频繁运用直接打折、团购活动、限时抢购、特惠房源、买房送车位、现金直接抵扣等方法。中海在青岛、上海的地王项目相继入市，折扣优惠幅度甚至超过购房者预期。

标杆房企降价促销动态概览（2012 年上半年） 表 4-1

时间	开发商	城市	项目	销售策略
1 月开始	保利	约 40 个	约 100 个	春雷行动，2 万套房源，优惠幅度由地方自行拟定； 春雷行动，以“十大楼盘、千套房源、千万优惠”为主题，包括成都保利香雪、保利城、保利花园、保利香槟国际、保利国际城、上海保利叶语
2 月中旬起	恒大	广东省内	8 个	佛山恒大御景半岛、广州恒大绿洲、恒大山水城、清远恒大金碧天下、清远恒大银湖城、中山恒大绿洲、云浮恒大城、广州恒大领秀国际中心八盘联动，10 亿元大优惠，最高折扣为 5%
2 月 18 日—3 月 31 日	招商	14 个	22 个	苏州招商小石城 5、6 期，较前期售价下降 5%，厦门招商海德公园、漳州招商花园城、漳州招商卡达凯斯、漳州招商假日 365 特惠房源 8.5 折
2 月	万科	无锡	4 个	万科金域缇香、万科金域蓝湾、魅力万科城酩悦、万科信成道 300 多套房源团购优惠
2 月	富力	天津、广州	5 个	天津富力津门湖、天津富力桃园、广州富力城花园、广州富力唐宁花园、广州富力金港新城，售价较前期售价下降约 1~3 成
2 月中旬	华润	江苏、成都	4 个	成都凤凰城、华润二十四城、华润翠林华庭、泰州华润国际社区推出多套特价房限时抢购，售价较前期售价下降约 1~4 成
3 月 3 日—3 月 18 日	万科	深圳	1 个	万科清林径推出“3 月 30 套 300 万优惠”促销活动，共推出 30 套特价房源，每套房源可在总价上减 10 万
4 月中旬	中海	青岛	1 个	地王项目中海紫御观邸限时推出 100 套精装房源，每套平均直降百万元
4 月下旬	华润	上海	1 个	华润新江湾九里豪宅项目均价直降近万元，降幅达 20%
5 月下旬	中海	上海	1 个	地王项目中海紫御豪庭低价入市，比市场预期价下降约 4 成
6 月 1 月—6 月 20 日	雅居乐	中山	6 个	雅居乐新城、雅居乐约克郡、雅居乐御龙山、雅居乐世纪新城、雅居乐铂爵山、雅居乐凯茵新城推出 75 折让利活动

资料来源：中原集团研究中心根据公开资料整理

本轮降价项目价格的调整幅度并不大，大多数项目的价格调整幅度在 10%~20% 以内。自 3 月份起，标杆房企以价换量的效果逐渐显现，销售量明显回升。虽然中海年内并未进行大规模的降价促销活动，但早在 2011 年上半年，中海就开始进行价格调整，并持续到 2011 年年底。由于目前大多数在售项目的定价水平相对比较合理，再加上新推产品贴近市场刚性需求，在南京、杭州和深圳等地的新推项目销售率保持在 6 成以上，因此中海上半年销售金额为 529 亿元，仅次于行业龙头万科。

4.2 信贷环境好转 融资成本下行

房地产行业属于资金密集型行业，尤其是国内的开发行业，对外部资金的依赖很大。自 2010 年 4 月份进入调控周期以来，国内融资环境持续收紧，极大地制约了行业的发展。今年以来，随着准备金率、利率的多次下调，信贷环境开始好转，连续 3 月新增人民币贷款的累计同比增长率开始转负为正。截止到 2012 年 8 月，今年新增人民币贷款合计为 60976 亿元，较去年同期增长 17%。

随着流动性的改善，资金市场利率亦呈现下降趋势，开发贷款长期紧张的局面有所缓解。根据用益信托的不完全统计，房地产企业发行信托的预期年收益率也出现下滑，近几个月发行的信托产品的预期年收益率普遍下降至 10% 以内。我们预计年内开发商有望走出过去 2 年的高融资成本周期，融资成本有望缓慢下行。

目前，由于国内融资渠道尚未全面开闸，开发商主要仍依赖于海外融资，尤其是香港资本市场的融资机会。根据中原不完全统计，10 大标杆房企今年上半年在海外已完成融资约 223 亿人民币，相当于去年全年水平的 6 成。房企海外融资的主要方式是银团贷款，通常期限在 2~3 年之间，这在一定程度上有利于缓解开发商的短期资金压力。中海融资最为积极，截至到 6 月底，中海已通过发行债券和银团贷款在海外筹集到 109 亿人民币的资金，持续稳定的融资收入为公司的逆市扩张提供了强有力的支持。除此之外，不少开发商亦积极进行融资模式的创新。继 2011 年万科与华润集团及其关联公司展开合作后，今年万科又花费 10 亿元收购香港的南联地产公司，意图拓展海外融资平台。此前，金地、招商也曾有类似的尝试。

标杆房企海外融资概览（2012 年上半年）　表 4-2

月份	开发商	融资金额（亿人民币）	融资类型	融资方式
2012 年 6 月	华润	6	债权融资	银行贷款
2012 年 6 月	华润	4	债权融资	银行贷款
2012 年 5 月	雅居乐	3	债权融资	银行贷款
2012 年 4 月	华润	8	债权融资	银行贷款
2012 年 4 月	中海	62	债权融资	银行贷款
2012 年 3 月	华润	16	债权融资	银行贷款
2012 年 3 月	华润	16	债权融资	银行贷款
2012 年 3 月	雅居乐	44	债权融资	优先票据
2012 年 3 月	雅居乐	3	债权融资	银行贷款
2012 年 2 月	中海	16	债权融资	债券
2012 年 2 月	华润	2	债权融资	银行贷款
2012 年 2 月	中海	31	债权融资	债券
2012 年 1 月	华润	11	债权融资	银行贷款

数据来源：中原行业监测系统，中原集团研究中心

图 4-2 标杆房企各项融资方式比较（2012 年上半年）

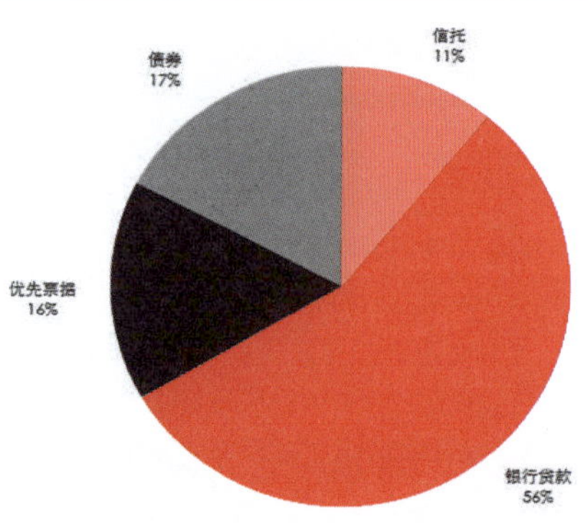

注：中原根据公开市场上的企业融资信息统计，银行贷款为不完全统计
数据来源：中原行业监测系统，中原集团研究中心

4.3 竞争格局变化　行业洗牌加速

2012 年前 5 个月，全国商品房累计销售额为 34011.1 亿人民币，同比上升 2%。而同期标杆房企的销售额增加 14%，标杆房企仍跑赢市场大势。10 大标杆房企的市场占有率加速上升。在 2008—2011 年 4 年间，其市场占有率从 7% 上升至 9%，仅上升 2 个百分点。但 2012 年上半年，10 大标杆房企的市场占有率从去年年底的 9% 增加约 3 个百分点至 12%，产业集中度进一步提升。其中，万科、恒大、中海的市场占有率分列前 3 位。

图 4-3 标杆房企市场占有率（2009—2012 年前 8 月）

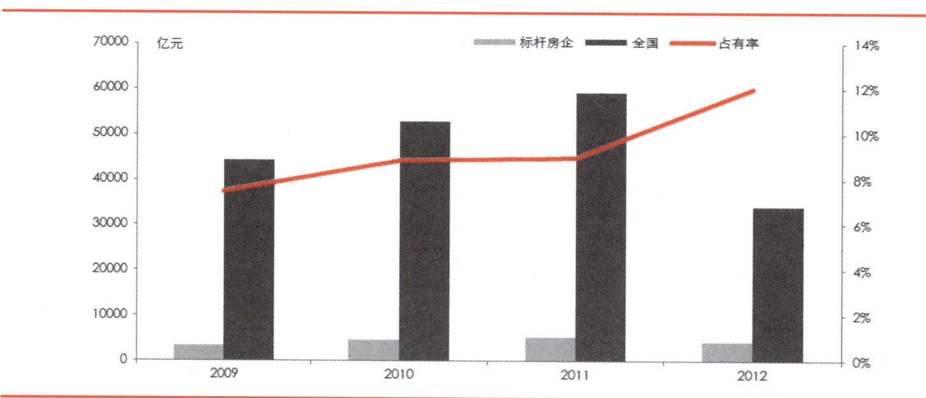

数据来源：中原行业监测系统，中原集团研究中心

长达两年的房地产政策调控限制了房地产行业的成长速度，中国房地产市场被迫进入一个新的低谷周期，行业的生态环境、竞争格局亦出现一些变化。

一方面，在限购、限贷的调控大环境下，市场结构发生了变化，投资需求离场，自住需求成为市场主力。一些开发商抓住市场特征的变化，通过调整产品结构、价格策略、城市布局等积极适应市场，在整体市场大幅放缓的情况下，依然能取得业绩增长。以万科、中海、保利、恒大为代表的全国性开发商发展势头依然强劲，并逐渐拉大与追随者的差距。

另一方面，随着融资渠道的收紧，以外部融资推动企业扩张的传统模式不再适用。提高自有资金比重，快速滚动开发的模式优势凸现。在过去一年时间里，10家标杆房企大幅减少土地购置支出，增加现金储备。以万科为代表的低土地储备、快速开发模式被更多企业效仿。反之，高负债率、低周转的企业则表现不佳。以绿城为例，由于一直坚持中高端产品定位、高负债模式。业绩在 2009 年市场高位时取得了快速增长，但随着调控深入，资金链压力大增。自去年年底开始，绿城通过出售项目，回笼现金以度过难关。截止到 6 月底，绿城出售上海、杭州、无锡、苏州等地共计 17 个项目（或公司），并与九龙仓、融创 2 家公司相继开展合作，抵御市场低谷。

4.4 购地意愿颓靡 土地储备谨慎

今年以来，土地市场陷入历史性低谷，供求双双萎缩。同时，限购限贷等主要政策未见松动，房企对后市信心不足。在此背景下，开发商的购地意愿明显下降。根据中原监测，2012 年 1—8 月，10 大标杆房企的权益购地总金额为 484 亿元，较去年同期下降 45%。从购地和销售的对比情况来看，今年 1—8 月 10 大标杆房企权益购地金额与销售金额的比值仅为 12%，这一水平是自 2007 年以来的最低位。

图 4-4 标杆房企购地和销售情况对比（2009—2012 年前 8 个月）

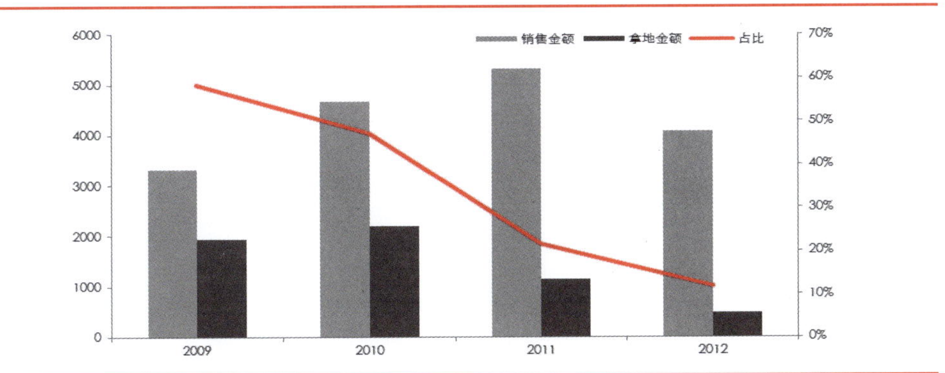

数据来源：中原行业监测系统，中原集团研究中心

土地是房地产企业赖以生存的根本，土地储备是开发企业发展战略的重要体现。总体来看，近年来标杆房企总土地储备始终维持在较高水平，并保持了较快的增长速度。截止到 2011 年底，10 大标杆房企总土地储备约为 4 亿 m^2，相对于 2008 年底增长了约 1.8 倍。今年 1—8 月，由于开发商补充土地储备的热情不高，总土地储备较去年年底出现微幅下滑。

在当前调控的大环境下，过高的土地存量和消化周期会影响到公司的成长速度，增加其经营风险。所以我们预计，下半年开发商会加快周转速度：一方面，增强销售能力以消耗过去高速扩张时期累积的土地存量；另一方面，随着下半年政府推地力度加大以及推地策略改变，土地市场逐渐走出低迷行情，对于有资金实力的标杆房企来说，依然存在着一些低成本逆市扩张的潜在机会，可择机补充土地储备。

图 4-5 标杆房企土地储备及土地储备消化周期（2007—2012 年上半年）

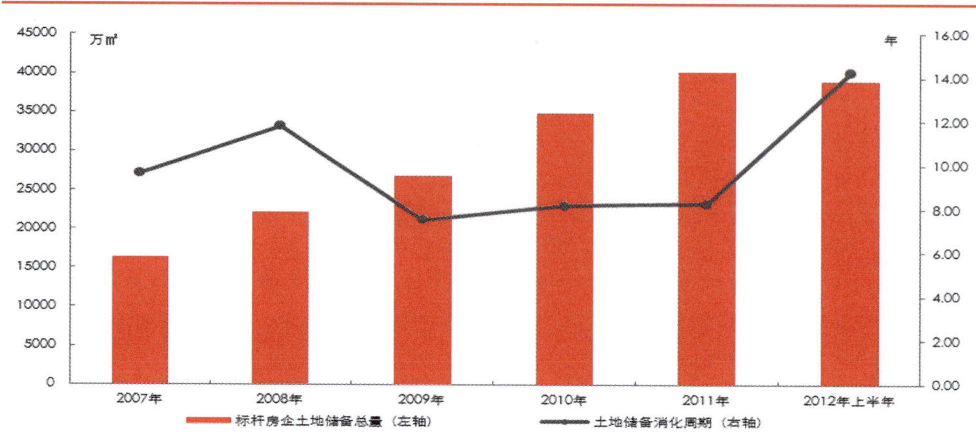

数据来源：各公司年报，中原行业监测，中原集团研究中心

第 5 章 土地供需低迷 平稳向好可期

自 2011 年以来，主要城市土地市场持续低迷，房企由于资金紧缺问题，购地意愿不强，政府亦在 2012 年 7 月份下调 2012 年住房供地计划。2012 年以来主要城市土地市场供应量处于 5 年来同期较低水平。土地市场的低迷主要是由于持续 2 年之久的楼市调控，然而，自今年 3 月来住宅销售市场持续回升，以及土地价格的小幅回落，使得房企逐渐进入土地市场低价购地。6 月广州“地王”，7、8 月份各地集中推地及溢价成交的增多等一系列现象表明土地市场转机已现，然而高位徘徊的流标率亦显示市场尚未全面回暖，预计土地市场将在限速中前行。

5.1 成交维持低位 房企谨慎购地

2011 年商办用地异常火热的行情在 2012 年并未得以延续。2012 年以来，土地市场整体处于低位徘徊状态，经营性用地成交量同比大幅缩减。2012 年 1—8 月 13 个重点城市居住、商办用地成交量较 2011 年同期分别下降约 32% 及 33%，土地出让金同比下降约 37%。

图 5-1 13 个重点城市土地成交量（2008 年 1 月—2012 年 8 月）

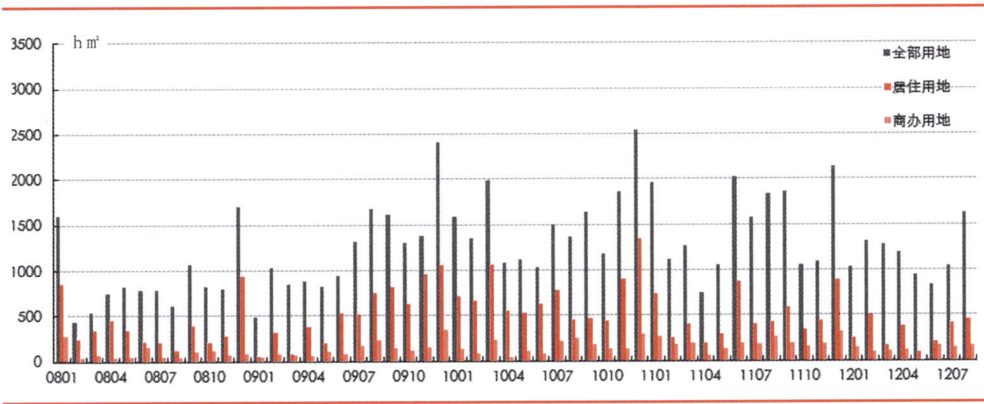

数据来源：中原土地监测系统，中原集团研究中心

图 5-2 13 个重点城市土地出让金（2008 年 1 月—2012 年 8 月）

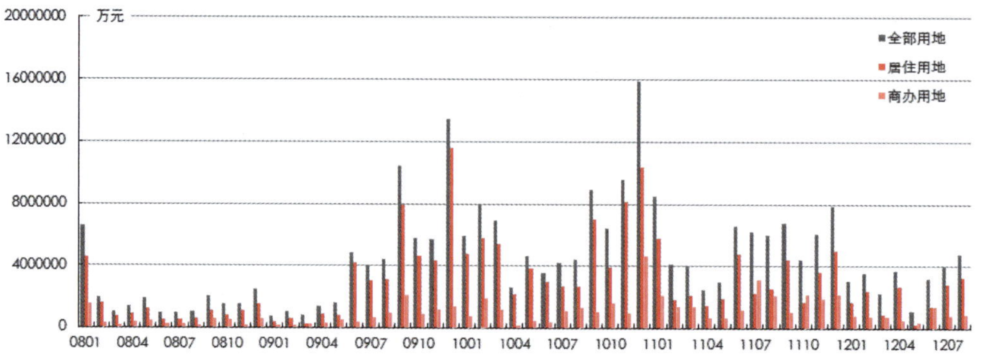

数据来源：中原土地监测系统，中原集团研究中心

5.1.1 流标率高位徘徊 供地大幅减少

房企购地热情低落、流标率高位徘徊，这使得政府大幅缩减了土地的供应。为了控制大量流标对市场的可能产生的不利影响，各地政府开始采用“预出让”制度，同时中央为提高土地供应计划完成率亦下调了 2012 年全国住房用地供应计划，确保公告土地的成功出让。但是自 2012 年 3 月以来，新房市场销售持续火热，房企资金压力逐渐减轻，加之政府低价推地政府渐显效果，房企开始入市积极购地，同时政府在 7、8 月份加大了土地的供应量，但是较往年同期仍处于较低位，流标率仍处于较高位。2012 年 1—8 月 13 个重点城市居住、商办用地供应量同比分别下降约 27% 及 17%。其中居住用地供应量较近 5 年同期均值下降约 24%。

图 5-3 13 个重点城市土地供应量（2008 年 1 月—2012 年 8 月）

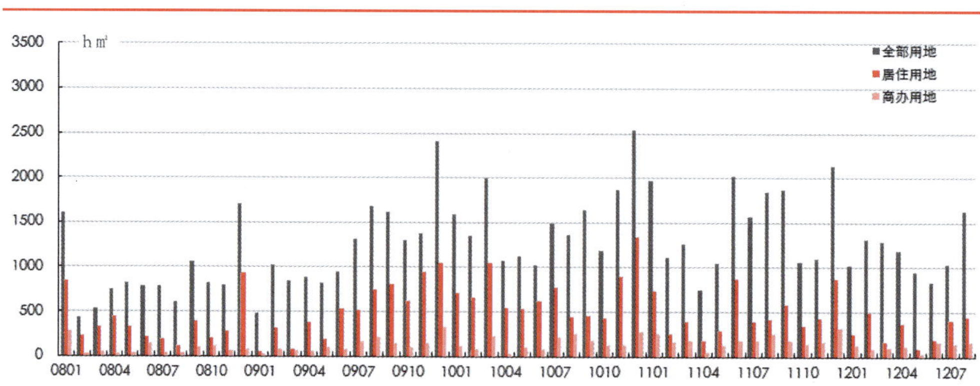

数据来源：中原土地监测系统，中原集团研究中心

图 5-4 13 个重点城市土地流标率（2010 年 1 月—2012 年 8 月）

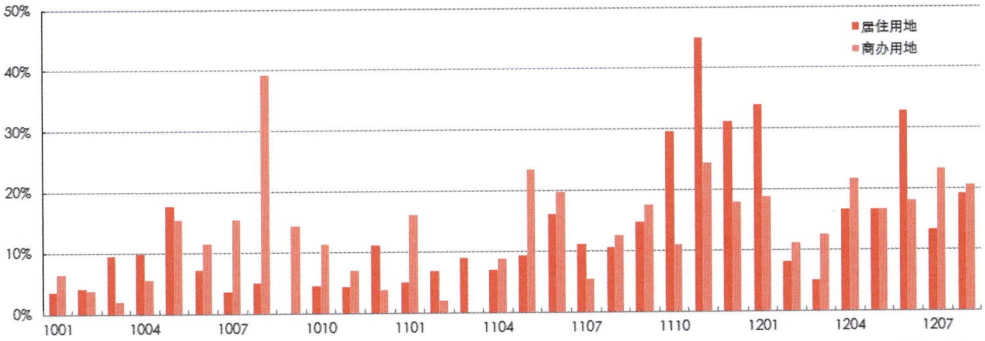

数据来源：中原土地监测系统，中原集团研究中心

5.1.2 政策执行从严 后市转机渐现

本轮调控进行到 2012 年下半年后，中央仍坚持对房地产的调控不动摇，并继续抑制投机投资性需求。虽然未出台新的调控政策，但是各地政府为配合中央的调控政策，加强了对现有政策的执行检查。整体来看，对于房地产的调控大方向未变。

但是自 2012 年 3 月新房市场开始回升并稳步增长，进入下半年亦呈现 7、8 月份淡季不淡的销售行情，房企的资金压力逐渐得以解除，越来越多的房企改变对于后市的预期，购地意愿增加，开始积极入市购地，市场溢价成交地块逐渐增加。同时进入 2012 年下半年，各地政府加快推地速度，并加推优质地块，使得 9 月份土地集中到期，土地市场逐渐回升。但是流标率维持高位，市场难言全面回暖。

5.2 价格振荡下行　市场逐渐回升

部分城市底价下调地块明细（2012 年 1 月—8 月）　表 5-1

成交日期	城市	公告号	位置	土地性质	起始价	流拍底价	涨跌幅
2012-2	深圳	T107-0025	南山后海	商办	36700	42100	-13%
2012-2	深圳	T107-0027（B）	南山后海	商办	3300	3554	-7%
流标	成都	JJ07（211/252）：2011-128	锦江沙河堡	商办	34959	37289	-6%
2012-3	成都	CH22（252/211）：2011-126	成华府青路	居住	66785	76316	-12%
2012-3	成都	QY10（252/211）：2011-24	青羊清波村	居住	22618	25226	-10%
2012-5	成都	QY03（252/211）：2011-24	青羊万家湾	居住	40561	47050	-14%
2012-6	上海	201205702	奉贤南桥	居住	7689	11754	-35%
2012-7	上海	201207202	浦东唐镇	居住	120125	158346	-24%

数据来源：中原土地监测系统，中原集团研究中心
单位：万元

13 个重点城市实质性降价地块比重、降价幅度（2012 年 1 月—2012 年 8 月）

表 5-2

	1 月	2 月	3 月	4 月	5 月	6 月	7 月	8 月
实质性降价地块比重	37%	69%	77%	50%	70%	48%	40%	28%
降价地块底价平均增幅	-22%	-18%	-17%	-20%	-17%	-12%	-25%	-28%
全部成交底价平均增幅	15%	-5%	-12%	6%	-11%	-2%	13%	-16%

数据来源：中原土地监测系统，中原集团研究中心

部分城市“小户型比例”松绑案例（2012 年 1—8 月）

表 5-3

成交日期	城市	公告号	位置	土地性质	小户型比例	原普遍比例
2012-2	广州	KXC-P4-4	萝岗中心	居住	40%	56%~60%
2012-4	广州	白云区同和东坑蟾蜍石北路	白云	居住	30%	56%~60%
2012-6	天津	津和大（挂）2012-041 号	和平大沽	商住	0%	70%

数据来源：中原土地监测系统，中原集团研究中心

5.2.1 多地“地王”重现 市场转机渐现

随着 2012 年 3 月起新房销售持续回升，甚至 7、8 月销售市场亦呈现淡季不淡的行情，部分房企的资金压力逐渐得到解决。政策环境的微调，及后来仅在现有政策执行力度上的严查，也使得部分房企改变对后市的预期，购地意愿增强，尤其是对稀缺优质地块。自 2012 年 6 月广州首个“单价地王”成交后，北京、天津陆续产生“单价地王”，楼面地价较前期出现大幅上涨。其中恒大收获的广州“地王”溢价率高达 170%，而北京朝阳霞光里商办综合地块溢价率亦高达 169%，楼面地价是同类型用地历史第 2 高位。

低迷的土地市场已现转机。进入 2012 年 4 月后，13 个重点城市平均溢价率震荡回升，且溢价地块逐渐增加；2012 年 8 月，逾 3 成地块溢价成交。这表明房企入市购地逐渐增加。

低底价以及优质地块的推出是部分城市土地成交活跃的主要原因。部分地块的底价较前期下调约 1~3 成，由此吸引房企入市“抄底”。此外，部分城市位置较好的优质地块亦吸引资金状况良好的房企入市补充土地储备。

“地王”成交明细（2012 年 1 月—2012 年 8 月）

表 5-4

成交日期	开发商	城市 / 区域	土地面积	土地性质	成交总价	楼面地价	溢价率	前期地价	增幅	前期成交时间	备注
2012-6-18	恒大	广州 / 天河	0.81	商办	13.22	32968	170%	15740	109%	2009-9 至 2011-7	历史单价最高
2012-7-10	赫华恒瑞	北京 / 海淀	3.89	商住混合	26.30	33831	41%	18672	81%	2012-11	历史单价地王
2012-7-20	中海	天津 / 河西	8.00	商住混合	29.70	13026	33%	8978	45%	2012-3 至 2012-3	2011 年后单价最高
2012-7-30	宝鸿天成	北京 / 朝阳	0.60	商办综合	15.15	37875	169%	19909	90%	2009-12 至 2011-7	2012 年内单价最高

数据来源：中原土地监测系统，中原集团研究中心

单位：公顷，亿元，元 /m^2

图 5-5 13 个重点城市居住用地底价成交率、平均溢价率（2009 年 1 月—2012 年 8 月）

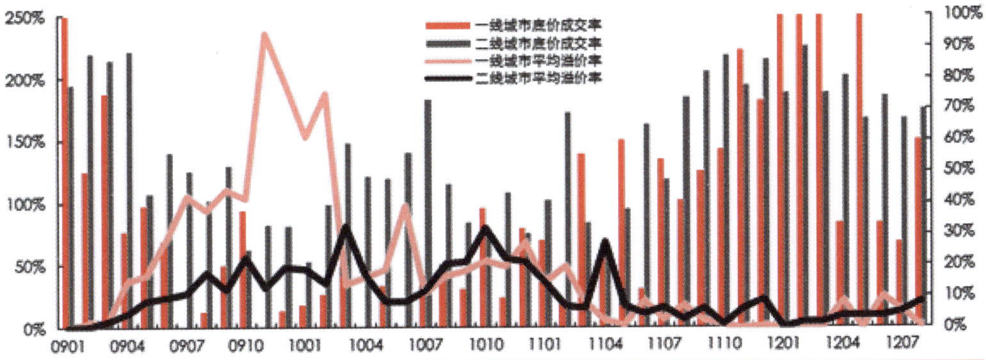

数据来源：中原土地监测系统，中原集团研究中心

5.3 “危”、“机”并存　后市预期平稳

尽管市场转机已现，但是土地市场难言回暖。虽溢价率回升，“地王”再现等利好因素日增，但流标率仍较高。进入 2012 年下半年，各地政府土地速度加快，土地市场出现回升。受此影响，2012 年 8 月 13 个重点城市居住用地成交量较前 7 个月均值大增 58%，但仍处于较低的水平；居住、商办用地流标率分别为 19% 和 21%，较前期有所回落，但仍处于历史较高位。

5.3.1 成交小幅回升 推地预期加速

2012 年 1~8 月，13 个重点城市居住用地成交量同比下降约 32%，为 2008 年以来同期最低。目前，对市场调控限于政策执行层面的从严，未有政策进一步收紧的趋势。随着住宅市场的行情的持续好转，较低的土地价格将吸引更多资金充裕的房企入市购地，增加土地储备，预计政府将保持较快的推地速度，以完成下调后的土地供应计划。从 2012 年全国住房用地供应计划来看，商品住房供应较 2011 年减少约 27%，据此亦可计算出，政府将维持较快的推地速度，加大土地供应量。

全国住房用地供应计划（2010—2012 年）　　表 5-5

类型	2010 年	2011 年	2012 年（调整后）	同比
全部住房用地	18.47	21.80	15.93	-27%
商品住宅用地	11.89	14.05	11.17	-20%
保障房用地	6.59	7.74	4.76	-39%

数据来源：中原土地监测系统，中原集团研究中心
单位：万公顷

5.3.2 价格有望稳定 后市“地王”或再现

目前，土地市场的“以价换量”渐显成效，但流标率仍处于高位，说明房企虽积极入市，但是对于非优质地块仍较谨慎，预计后市土地价格将保持平稳。部分前期上涨过快或配套落后的郊区低价有望回落，而地段稀缺的优质地块则有望出现价格上幅趋势。从 7、8 月土地成交情况来看，“地王”项目在入市后备受关注，房企对此类地块购买热情高涨，后期有多宗优质地块集中到期。因此预计在现有政策环境下，后市“地王”或再现，但是总体而言，房企仍将谨慎购地，补充土地储备。

第 6 章 调控与博弈并存的 10 年

2010 年 4 月启动的最近一轮房地产调控已持续 2 年，在限购、限贷等一系列政策的影响下，过去 2 年全国房地产市场增幅大幅放缓，跌至历史低位，主要城市住宅销量亦出现大幅下降。刚性需求占据市场，高位房价理性回归，调控效果逐步显现。然而，当调控效果需要进一步夯实之际，新一轮经济危机的风险却不期而至，保增长还是降房价成为摆在政策决策者面前的一道难题。

由于房地产行业的关联性，其对上下游众多相关产业以及国内消费都有极大的影响力。因此，虽然中央政府表态将依然坚持房地产调控不动摇，但实际上，信贷松动、地方微调等政策松动已经取代了之前的全面紧缩。加上前期降价楼盘增多带来的销量回升，市场环境的上述变化在一定程度上改变了购房者对后市的预期，因此我们看到了今年上半年市场的探底回升。

6.1 市场快速回暖 供不应求再现

2012 年 1—2 月，受前期调控政策及春节的双重影响，成交量跌至近年来低位。但 3 月份以后，政策环境出现了明显变化。虽然限购、限贷这 2 大调控主基调仍未放松，但是对房地产影响较大的信贷政策方面出现了较大的松动。一方面，通过 3 次下调存款准备金率和一次降息后，银行的流动性大为改善，去年下半年出现的房贷额度紧张情况全面缓解；另一方面政府加大了对首套住房的支持力度，首套房贷款利率从略有上浮向 9 折甚至是 85 折转变，这 2 个变化对购房需求的支撑作用立竿见影。

从地方层面来看，为市场“松绑”的意愿更为迫切。根据中原统计，2011 年下半年以来，累计有 40 个城市在不同程度上“微调”了原有政策，主要包括调整普通住房标准、提高公积金贷款额度、实施购房补贴或购房落户政策等，这些政策符合支持首套自住需求，都得到了中央政府的认可。然而也有部分城市试图调整限购政策，包括佛山、成都、上海、宁波、北京等城市，调整措施均在短期内被叫停，显示出“限购”政策依然是中央房地产调控的底线，短期内难以取消。

6.1.1 成交先冷后热 目前尚处合理

从 30 个主要城市新房销售市场来看，上半年成交量出现了过山车的行情，1—2 月成交创 2008 年金融危机以来的新低，3—9 月成交快速反弹。今年 1—9 月，30 个城市的成交同比增长 22%，与 2010 年同期相比增长 12%。

图 6-1 30 个大中城市住宅成交走势图（2009 年 1 月—2012 年 9 月）

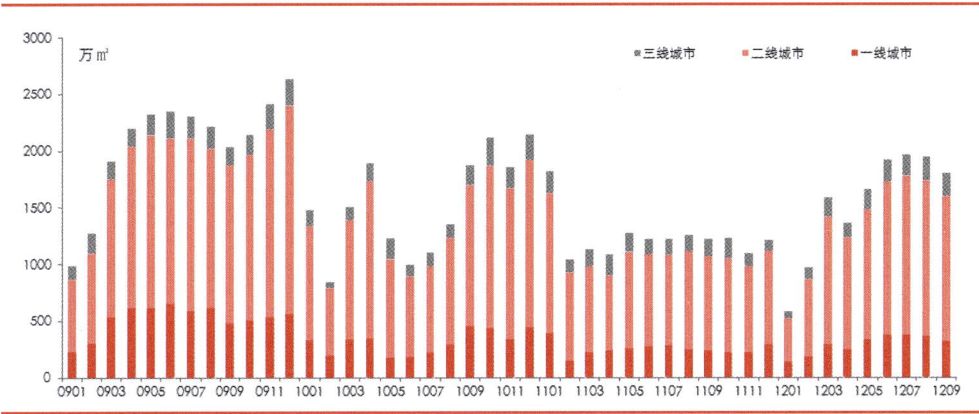

数据来源：中原集团研究中心

虽然成交出现了快速反弹，但是从整个上半年来看，成交依然处于低位。2012 年上半年 30 个大中城市的住宅成交面积为 8077 万 m^2，同比 2011 年上半年微增 7%，与 2011 年下半年相比增加 12%，然而与楼市高峰时的 2009 年下半年相比仍有 41% 的差距。

图 6-2 30 个大中城市住宅成交走势图（2009—2012H1）

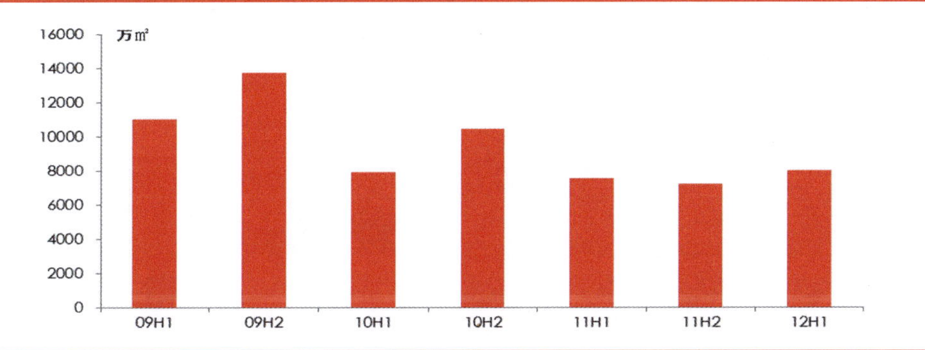

数据来源：中原集团研究中心

6.1.2 供不应求再现 价格触底反弹

2012 年上半年，住宅供应出现明显放缓。中原监测的 12 个大中城市的住宅供应同比下降 13%，与 2011 年下半年相比下降 33%。2011 年中原监测 12 个大中城市的供求比为 1.28，呈现出明显的供大于求现象；而 2012 年 1—9 月，供求比锐减到 0.95，呈现供略小于求的态势。其中北京、深圳、重庆、厦门等城市供小于求现象十分明显。

图 6-3 12 个大中城市住宅供求情况（2011—2012 年）

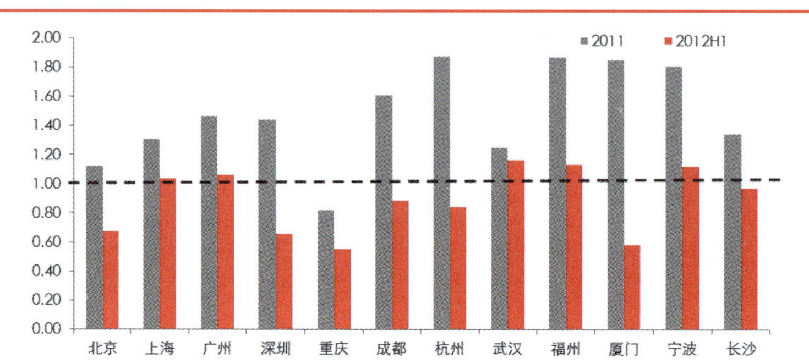

数据来源：中原集团研究中心

6.2 市场显著分化 改善接棒刚需

随着市场成交量的回升，在目前的市场环境下，主要城市的新建住宅市场也出现了一些新的特点。主要体现在城市差异、产品类型、新盘销售率等方面。

6.2.1 一、二线城市回暖 三、四线城市回落

2012 年上半年，一线城市成交量累计增长 5%，二线城市累计增长 1%，而全国住宅成交同比下降约 11%，一、二线城市表现明显优于广大的三、四线城市。我们认为，出现这种现象的主要原因有 2 点，首先 2011 年三线城市受调控影响较小，因此基数相对较高；其次三线城市房价尚未经历调整，较高的价格水平限制了成交量的继续上升。

图 6-4 一、二线城市及全国市场成交涨幅走势图（2009—2012H1）

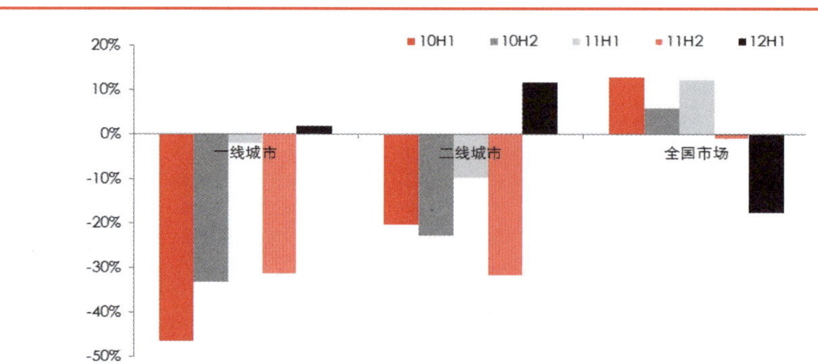

数据来源：中原集团研究中心

6.2.2 改善性需求逐步接棒 中小户型占比回落

随着调控以来刚性需求的逐步满足，从 2012 年开始，改善性需求逐步开始活跃。我们以 4 大城市为例，2012 年上半年，中小户型（一房、二房）的成交占总成交套数的比例出现明显下降，表明改善性需求逐步入市，增加了对大户型住宅的购买力度。

图 6-5 4 大城市中小户型销售占比情况（2011—2012 年 6 月）

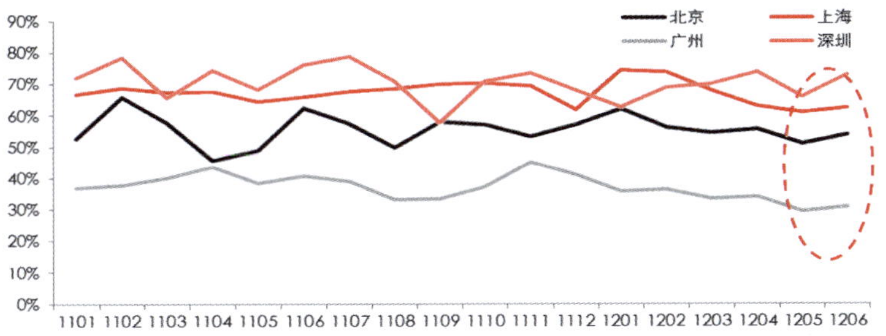

数据来源：中原集团研究中心

6.2.3 销售率低位反弹 整体仍处低位

从中原监测的新盘 30 日销售数据来看，从 2011 年 8 月开始，4 大城市新盘销售率从高位的 41% 一路下滑，最低点为 2012 年 2 月的 15%，之后销售率明显攀升，三、四、五月分别达到 29%、20%、29%，虽然新盘销售率低位反弹，但目前的销售率依然不高，表明一线城市市场尚未回归繁荣，目前仍处于复苏阶段。

虽然销售率整体仍处低位，但销售率高的楼盘特征十分鲜明。第一，这些楼盘多分布于郊区或者次中心城区；第二，开发商绝大多数为跨区域的品牌发展商，包括保利、招商、万科、龙湖等；第三，也是最重要的一点，热销楼盘多以合理定价甚至大幅降价来吸引客户。由此可知，知名发展商郊区楼盘的降价促销是目前市场成交回暖的重要因素之一。

图 6-6 4 大城市 30 天销售率走势图（2011 年 1 月—2012 年 5 月）

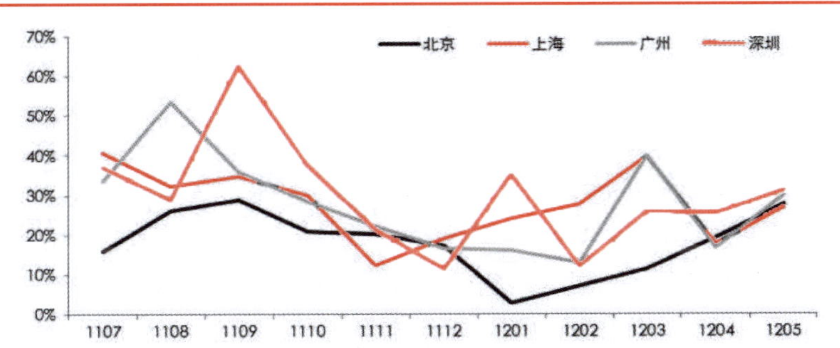

数据来源：中原集团研究中心

6.3 去库存依然艰巨 开发投资乏力

6.3.1 库存依然高企 去库存压力巨大

虽然近期住宅成交情况良好，但是住宅库存面积依然巨大。从绝对值来看，目前主要城市的库存水平均创历史新高，虽然近期有所下滑，但整体水平依然较高。从消化时间来看，我们将库存除以上半年月均成交水平，消化时间基本集中在 8~10 个月，仅苏州消化时间需 5 个月，城市间差距有所扩大。

分城市类型来看，一线城市库存水平除上海普遍出现下降，北京、广州、深圳从高点分别下降 10%、15%、13%。而二线城市库存水平则依然处于高位水平，没有出现明显的下降，随着库存的不断积累，部分城市价格仍有下调压力。

图 6-7 9 个大中城市住宅库存消化时间（2012 年 6 月）

月
14
12
10
8
6
4
2
0
上海 北京 深圳 广州 杭州 苏州 合肥 南昌 惠州

数据来源：中原集团研究中心

6.3.2 企业信心不足 开发投资减速

随着商品房销售增速的放缓及回落，开发商的新开工面积、开发投资额增速也随之放缓，三者之间存在明显的传导效应。数据显示，从 2011 年 10 月开始，全国商品房销售面积同比出现大幅回落，而商品房的新开工面积和购地面积同比亦随之出现大幅回落，新开工和购地的减少将影响未来房地产市场的开发投资水平。2012 年 1—8 月，全国房地产销售面积同比下降 4.1%，新开工面积同比下降 6.80%，降幅仍在进一步扩大；房地产开发投资同比增长 15.6%，同比增速放缓趋势仍未改观。

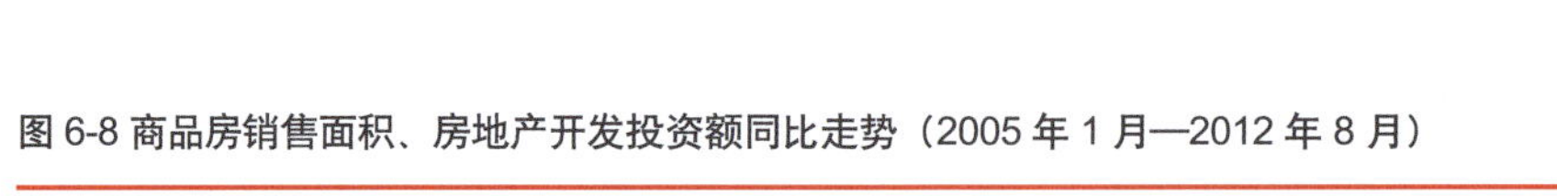

图 6-8 商品房销售面积、房地产开发投资额同比走势（2005 年 1 月—2012 年 8 月）

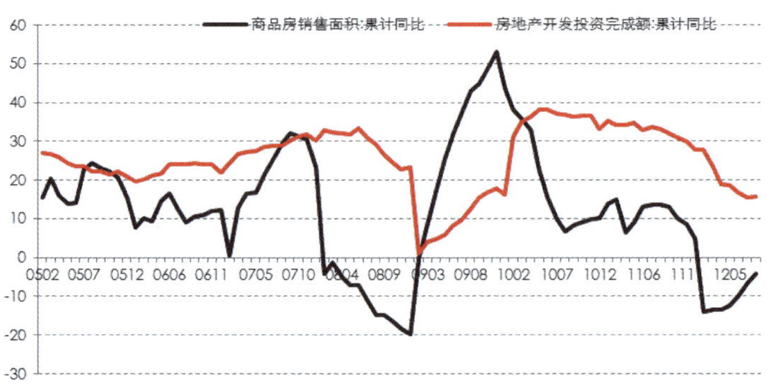

数据来源：中原集团研究中心

图 6-9 商品房销售面积、房屋新开工面积同比走势（2005 年 1 月—2012 年 8 月）

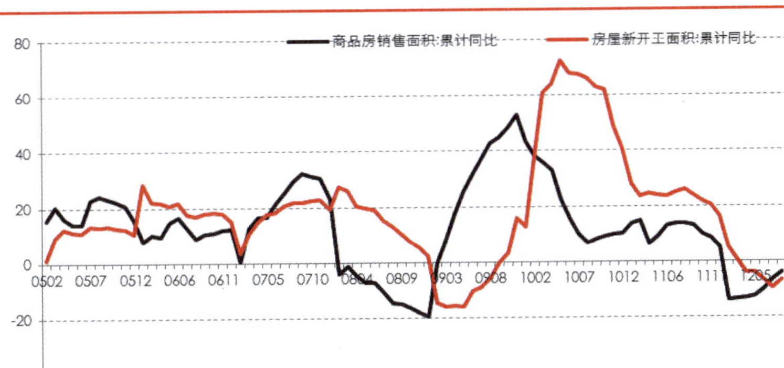

数据来源：中原集团研究中心

6.4 政策保持平稳 市场谨慎乐观

6.4.1 政策预测：调控基调维持 信贷尺度求变

2012 年上半年，从全国的成交水平来看，销售面积同比依然为负，但是从 30 个主要城市的成交来看，目前市场已经逐步恢复，房地产政策的效应由一、二线城市向三、四线城市蔓延。这种复杂的市场环境让政策执行者左右为难，一旦政策放松一、二线城市房价必然出现大幅反弹，三、四线城市累计的泡沫也将越来越严重。另一方面，由于整体经济的疲弱，房地产调控政策也难以继续收紧。因此政策基调在未来一段时间内将保持平稳，不会出现大的变化，限购限贷政策仍将严格执行。

未来政策的看点主要有 2 个方面，首先是限贷的执行尺度是否会出现变化，我们预计假设未来出现政策变化的话，信贷政策将先于限购政策放松，最有可能的还是降低首付比例以及房贷利率；另一方面，房产税在未来也将加速推进，广州、深圳等符合房产税试行标准的城市将陆续进行试点，而采用的方式将是上海现行的房产税政策，而房产税替代限购政策的时间在短期内仍难预测。

6.4.2 市场预测：市场平稳筑底 分化仍将持续

一般来讲，房地产调控会经历这样一个过程：成交量大幅萎缩——成交价格开始下降——新开工面积大幅下降——成交量开始企稳——成交价格开始企稳——新开工面积出现回升。目前来看，主要的一、二线城市处于从成交量开始企稳和成交价格开始企稳之间。从前期的降价效果来看，大幅降价的楼盘普遍取得了良好的销售效果。从目前的供应量和供求比数据来看，开发商的推盘力度明显放缓，而销售情况依然良好，在这种情况下，开发商继续大幅降价的可能性减小。从全年来看，由于上半年供应依然偏少，且 1—6 月住宅成交同比仅有小幅上升，表明刚性需求尚未完全释放，预计下半年住宅成交受供应推动及政策宽松影响仍将保持平稳，总体成交水平将超过上半年。

由于一、二线城市和三、四线城市在成交量、成交价格、新开工情况都出现了明显的分化，因此在未来走势上也将出现明显不同。一、二线城市在 2011 年中期开始成交量和成交价格均出现了大幅的回调，而三、四线城市的回调始于 2011 年底、2012 年初，因此在 2012 年上半年一、二线城市成交量触底反弹之时，三、四线城市的成交依然低迷。预计未来一、二线城市成交将稳中有升，价格触底微涨。而三、四线城市的成交回升将滞后于一、二线，成交价格仍有进一步回调的压力。

第 7 章
阶段性放缓
二手房市场曲折前行

近 10 年来，国内商品房市场高速发展，而随着政策的放开和交易程序的规范化，部分一、二线城市的二手房市场快速扩容。然而在 2010—2012 年受到调控的影响，二手房发展势头有所放缓，表现在二手房成交量和成交比重的大幅下降。但这只是阶段性的调整和放缓，由于国内主要城市尤其是中心城区，土地资源紧缺，可供应的新盘寥寥无几，而二手房通常具有区位和配套方面的优势，因此二手房已然成为众多购房者必然和最优选择。目前，国内城市二手房市场的发展程度与成熟市场仍有较大差距，二手房市场的发展空间依然广阔。

7.1 制度厘清　二手房市场迎来快速发展

自 1998 年取消福利分房，我国商品房市场经历了 10 余年的高速发展，在大量新建商品房落成的同时，可供开发的土地资源则日益减少。随着二手房交易政策和流程的规范化，以及大量新建商品房的再上市，二手房市场逐步活跃并快速发展。

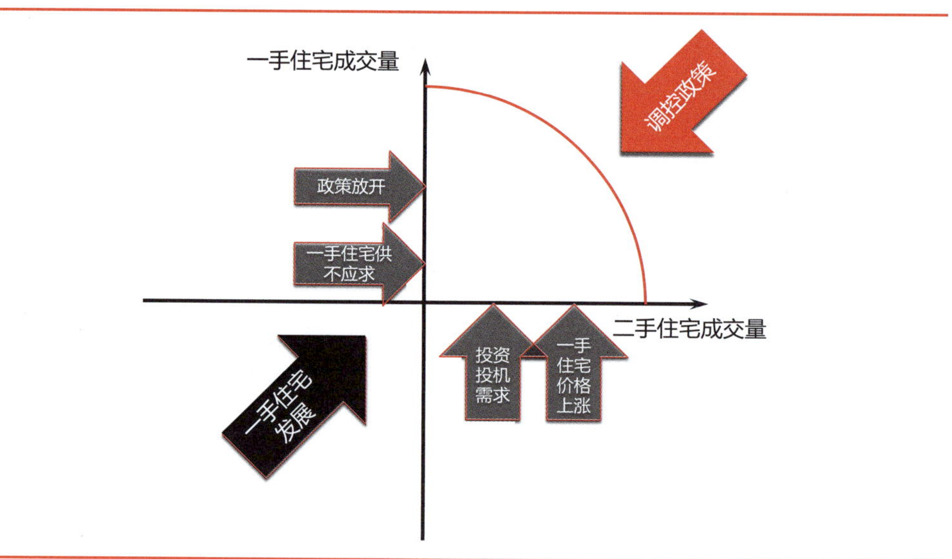

7.1.1 市场快速扩容 一线城市占半壁江山

自 2003 年起，从中央到地方出台了一系列二手房交易促进政策，如公房使用权开放上市交易、取消已购公房上市审批、取消原产权单位参与收益分配、降低补交土地出让金比例以及卖旧买新契税减免等等。这些利好政策促使二手房市场快速发展，自 2004 年以来全国主要城市二手房成交量都出现了不同程度的放大，二手住宅成交占比亦大幅上升。

根据中原统计，早在 1999 年，上海、广州和深圳二手住宅成交占比仅约 20%，北京和天津更低，约为 6.0%~8.0%，至 2009—2010 年时，各城市二手住宅成交占比达到最高值，较 1999 年增加了 30~55 个百分点，其中，深圳该比例超过 70.0%，北京、上海和广州在 50.0% 附近，天津略低，亦接近 40.0%。同期二手住宅成交量亦达到历史峰值，京沪两市二手住宅全年成交面积约 2000 万 m^2，广深津 3 市二手住宅成交面积在 1000 万 m^2 左右。

7.1.2 一二手互动 房价波动上扬

随着我国经济的快速发展和居民收入的改善，房地产成交量在快速提高的同时，房价亦大幅上扬。根据国家统计局数据显示，截至 2012 年上半年，6 城市[1]一手住宅成交均价较 2004 年年初上涨 150%~310%；据中原领先指数系统数据显示，同期 6 城市二手住宅价格指数较 2004 年初上涨了 130~285 个点位，即累计涨幅在 130%~285% 之间。

尽管一、二手房的定价机制有所不同，但由于其居住属性相同，具有一定的替代性，因此从长周期来看，两者之间在价格变动上表现出互为参考，相互影响的特征，整体走势较为一致。具体而言，虽然二手房的价格主要是买卖双方谈判决定的，但最终的成交价格往往会受到周边一手房价格的影响，反之二手房的价格却又影响开发商对于新房的定价，两者之间价格互动，批次影响，但供求关系仍是决定价格走势的根本因素。

7.1.3 租赁市场需求真实 租金平稳小幅上扬

不同于买卖市场存在投机或投资性需求，租赁市场是以实际的居住需求为基础，所以租金的走势相对平稳，且租金增速远低于价格增速。根据中原领先指数系统数据显示，截至 2012 年 7 月，6 城市二手住宅租金指数为 120~160 个点，而同期 6 城市二手住宅价格指数已经涨至 230~385 个点。

影响房租的主要因素是经济发展和居民收入，此外，房价以及通货膨胀、外来人口和毕业生就业等因素也会对租金造成影响。根据中原领先指数系统数据显示，受全球金融危机影响波及，6 城市二手住宅租金指数自 2008 年 6 月后一路走低；直至 2009 年初，随着中国经济的逐步企稳和房地产市场的回暖，租金指数开始小幅回升；2011 年第 4 季度受经济放缓和二手房价格下跌的共同影响，租金指数上涨的势头略有放缓；2012 年春节后随着各地租赁成交量季节性增长，以及价格指数自 3 月以来止跌回升，租金指数再度小幅上涨。

1 六城市指北京、上海、广州、深圳、天津、成都等国内二手房市场发展较为成熟的 6 个城市。

6 城市二手住宅成交占比（1999—2012 年上半年） 表 7-1

类型	1999 年	2005 年	2009 年	2010 年	2011 年	2012 年上半年
北京	7.4%	29.3%	50.0%	64.4%	56.4%	50.1%
上海	21.3%	46.8%	48.6%	43.9%	45.4%	48.6%
广州	20.0%	40.0%	50.2%	56.0%	51.4%	37.0%
深圳	20.0%	46.7%	65.0%	73.6%	65.6%	52.0%
天津	6.0%	20.0%	39.8%	34.8%	29.1%	34.4%

数据来源：中原地产研究中心

图 7-1 6 城市一手住宅成交均价走势（2004—2012 年上半年）

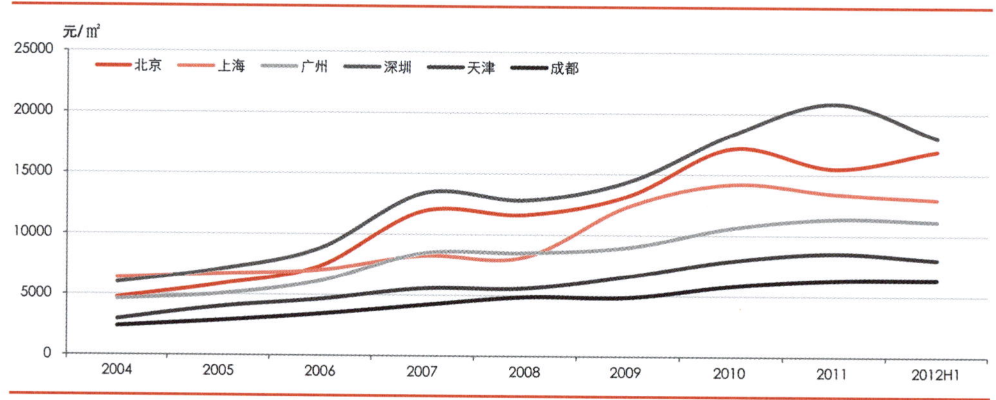

数据来源：中原集团研究中心

图 7-2 CLI 二手住宅价格指数月度走势（2004 年 5 月—2012 年 7 月）

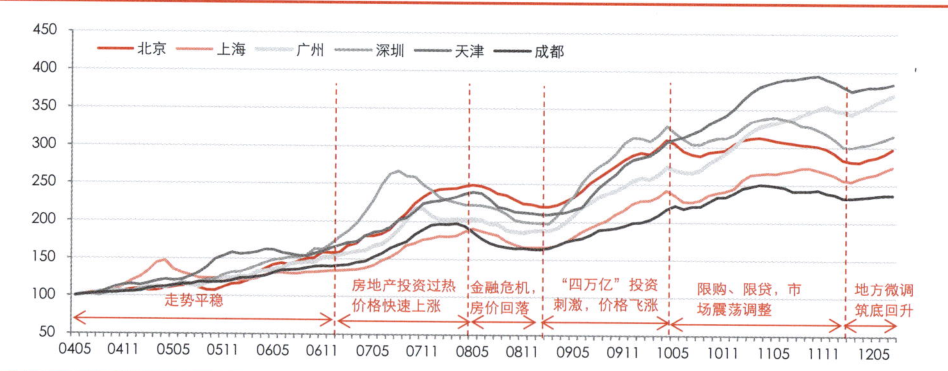

数据来源：中原集团研究中心

图 7-3 CLI 二手住宅租金指数月度走势（2004 年 5 月—2012 年 7 月）

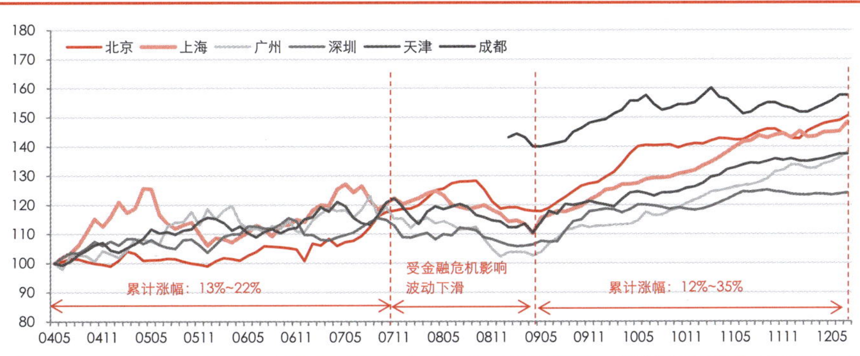

数据来源：中原集团研究中心

图 7-4 5 大城市新增盘源量数据对比

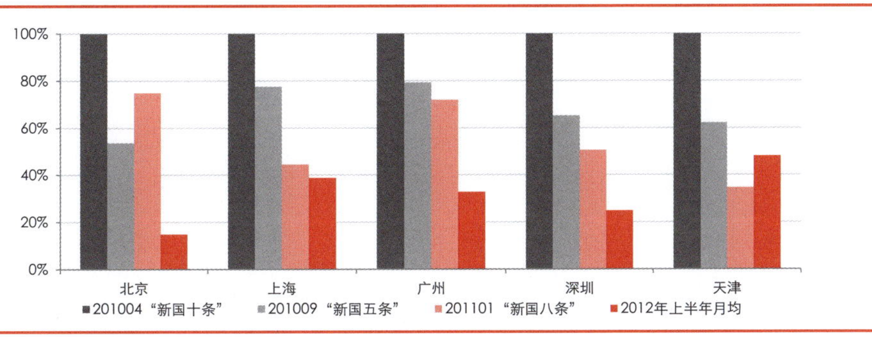

数据来源：中原地产研究中心
注：以 2010 年 4 月新增盘源套数为 100%，其他时间点对比 2010 年 4 月的数据来看。

7.2 遭遇调控　二手房发展势头有所停滞

2010 年宏观调控以来，各地楼市均遭受重创，新房和二手房市场成交普遍低迷。与新房市场开发商以价换量的情况不同，二手房业主则普遍惜售，使得二手房市场的所受影响程度超过新房市场，表现为二手占比和流通率均有所下降，其中北京、广州和深圳尤为典型。

7.2.1 限购导致惜售 流通性受阻

2010 年以来的调控政策主要围绕限购和限贷展开，对于挤出投资 / 投机需求、打压房价起到了立竿见影的效果，但同时也再来一些负面影响。限购导致部分二手房业主卖出房产后无法再买进，同时由于国内缺乏投资渠道，房地产仍是储存财富的重要形势，因此二手房市场上业主普遍惜售。惜售后导致二手房挂牌量走低，据中原监测信息显示，2010 年 4 月“新国十条”出台前，各城市二手住宅新增盘源量为历史峰值，此后新增盘源量逐步走低，到 2011 年年底时，5 大城市周均新增盘源量仅为 2010 年“国八条”出台前周水平的 2~3 成。

挂牌量的走低，加之挂牌价格较为坚挺，极大地阻碍了二手房市场的流通性，成交量持续低位徘徊。根据中原统计数据显示，2010 年以来二手住宅成交面积开始回落，2011 年下半年为 2009 年以来的历史低点，2012 年上半年略有回升，但和前 3 年上半年水平相比，仍有 3~5 成的差距。受成交量下降影响，各城市二手住宅流通率同步下降，至 2011 年底时均跌至 2.0% 以下，仅为高峰时期的一半水平。

图 7-5 5 大城市二手住宅成交面积（2007—2012 年上半年）

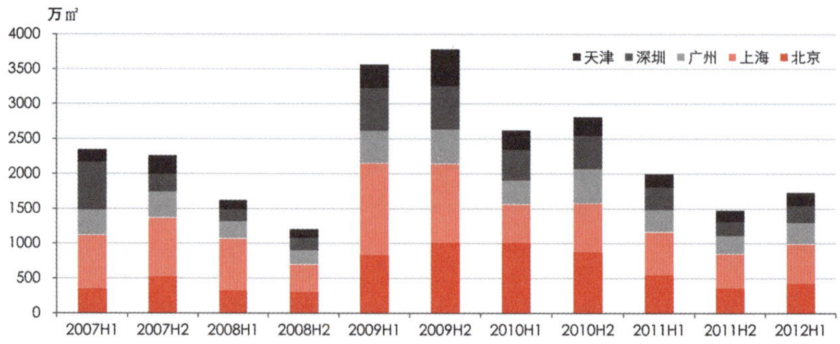

数据来源：中原集团研究中心

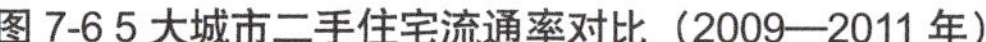

图 7-6 5 大城市二手住宅流通率对比（2009—2011 年）

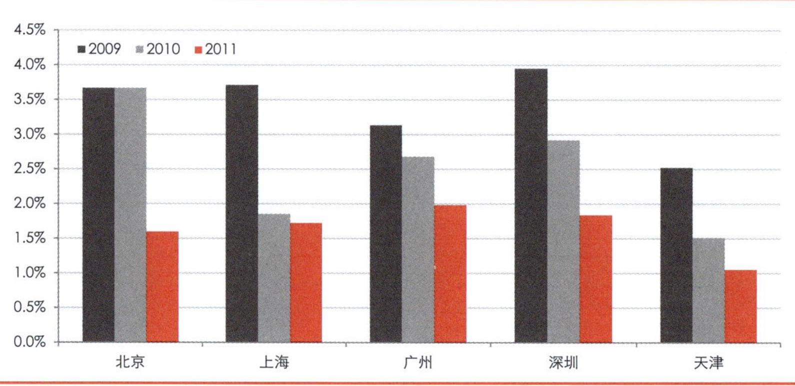

数据来源：中原集团研究中心

7.2.2 郊区新房分流 中心区相对坚挺

不同于新房市场上开发商迫于资金压力选择降价促销，二手房业主的资金压力较小，而且限购又导致业主惜售心态加剧，因此在 2011 年二手房降价幅度小于新房市场。中原领先指数系统数据显示，从 2011 年 4 月一 2012 年 2 月，北京、上海、深圳二手住宅价格指数的累积跌幅在 6%~12% 之间；中原地产监测的同期新房价格数据显示，截至 2012 年 2 月，北京、上海、深圳部分新盘较前一期同类型产品开盘价格，有约 20% 的价格优惠。

由于新房市场价格相对更为优惠，而且交易税费种类相对较少，致使二手房需求遭遇分流。根据中原统计数据显示，2012 年上半年，北京、广州和深圳二手住宅成交占比分别较 2011 年回落 6.3、14.4 和 13.6 个百分点；上海和天津二手占比尽管比 2011 年略有增加，但是和 2009 年峰值相比也有所回落；成都二手占比创历史新高，这主要是由于该市二手房市场正处于高速扩容期，但二手住宅占比的增长幅度亦因此受阻而有所放缓。

分区域来看，郊区二手住宅占比回落的幅度明显高于中心区和次中心区。如深圳今年上半年全市二手住宅占比较 2011 年回落了 13.6 个百分点。其中，中心区回落了 4.4 个百分点，次中心区回落了 11.3 个百分点，而郊区则回落了 16.9 个百分点。这主要是由于郊区、次中心区降价优惠幅度较大的新房项目较多，因此对于周边二手房需求分流较多；而中心区降价优惠幅度较大的新房项目较少，对于周边二手房需求的分流也较少。

7.2.3 京深价格下降明显 穗沪津蓉影响较小

由于调控政策执行的松紧程度，以及房地产市场的特点不同，因此各城市在本轮调控中所受到的影响程度和市场表现差异明显。其中，北京是调控政策最为严格的城市，深圳房地产市场容量较小且投资比例较高，因此，京深两市在此轮调整中受影响程度大于其他城市。

在 2011 年楼市调整中，6 城市二手住宅成交量价均有所回落，但回落的幅度有所不同。从价格指数的累积跌幅来看，京深明显大于沪穗津蓉。根据中原领先指数数据显示，北京和深圳二手住宅价格指数分别累计下跌 12 个月和 9 个月，累计跌幅均在 10.0% 以上；上海、广州和天津价格指数累计下跌均不超过 5 个月，累计跌幅在 2.8%~5.1%；成都价格指数断断续续回落了 8 个月，累计跌幅为 7.1%。

7.2.4 刚性需求为主 普宅占比增加

在 2010 年以来限购及限贷的影响下，改善性和投资性需求陆续被挤出市场，楼市成交以首次置业的刚性需求为主。从成交结构来看，低总价的中小户型占据成交的主体，且所占比重持续增加。2012 年上半年，随着各地政府陆续出台针对刚性需求的房地产微调政策，进一步刺激刚需入市，致使 90m^2 以下中小户型的占比进一步增加。根据中原成交数据显示，2012 年上半年，北京、上海、广州、深圳、天津 5 城市单套面积在 90m^2 以下的二手住宅成交占比分别为 52%、62%、63%、64%、82%，而且这一比重较前 3 年均有不同程度的增加。

与此同时，“限购”政策依然从紧，改善性和投资性需求仍受到诸多限制，因此豪宅市场成交依旧冷清。选取了上海市成交活跃的 10 大普宅和 10 大豪宅[5]，对比 2009 年以来各季度二手成交套数，发现 2011 年以来，10 大普宅和 10 大豪宅成交套数均是呈逐季回落的态势，而且豪宅成交套数下降的速度明显高于普通住宅，截至 2011 年第 4 季度，10 大普宅成交套数是 10 大豪宅成交套数的 10 倍有余，而在 2011 年之前 10 大普宅成交套数是 10 大豪宅成交套数的 3~5 倍。2012 年随着整体住宅市场的回暖，10 大普宅和 10 大豪宅成交量均有所回升，10 大普宅成交量高于 2010 年同期的水平，但 10 大豪宅成交量仍低于 2010 年同期的水平。

图 7-7 6 城市二手住宅成交所占比重（2005—2012 年上半年）

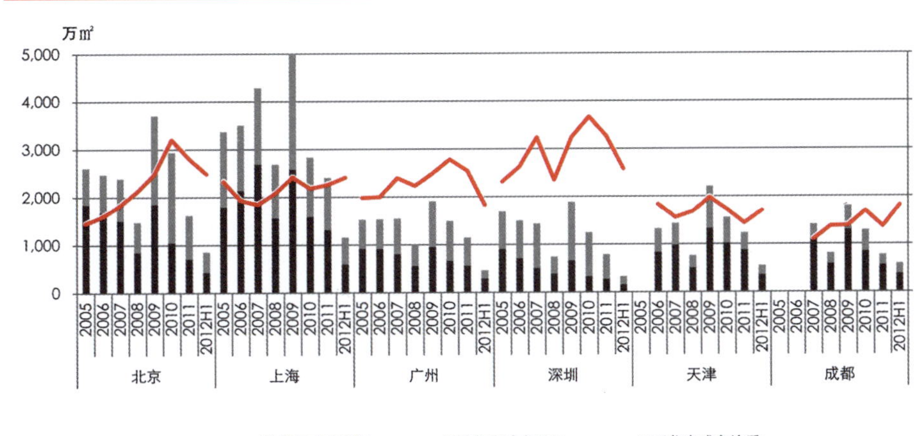

数据来源：中原集团研究中心

5 十大普宅选取标准：成交均价在 20000 元 /m^2 左右，且成交活跃的楼盘；
十大豪宅选取标准：成交均价在 50000 元 /m^2 以上，且成交活跃的楼盘。

图 7-8 5 大城市二手住宅成交面积结构变化（2009—2012 年上半年）

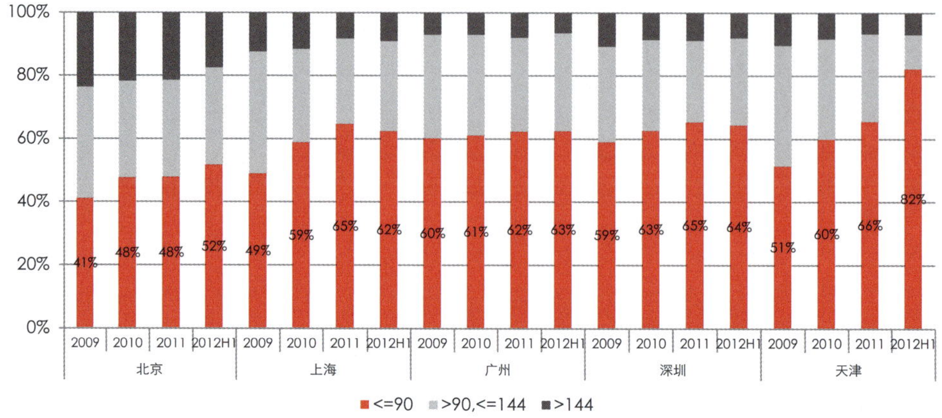

	2009	2010	2011	2012H1
北京	41%	48%	48%	52%
上海	49%	59%	65%	62%
广州	60%	61%	62%	63%
深圳	59%	63%	65%	64%
天津	51%	60%	66%	82%

■<=90 ■>90,<=144 ■>144

数据来源：中原集团研究中心

图 7-9 上海 10 大豪宅及 10 大普宅成交量走势图（2009 年第 1 季度—2012 年第 3 季度）

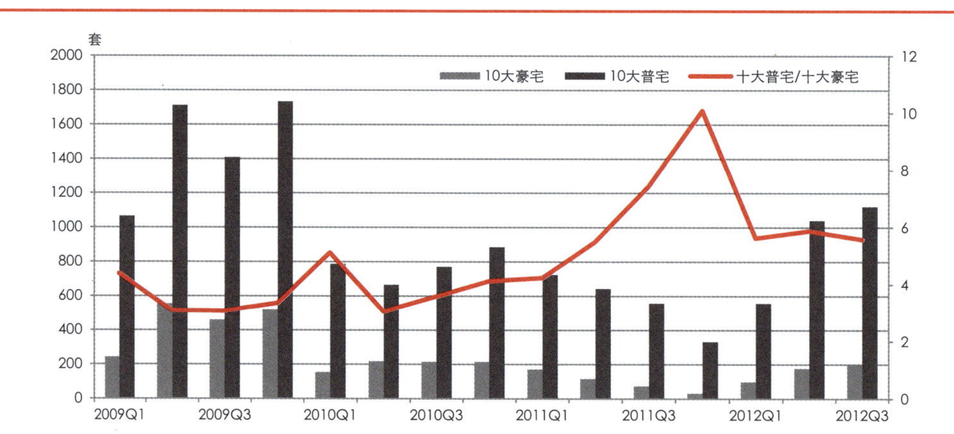

数据来源：中原集团研究中心

7.3 阶段放缓　二手房市场前景广阔

尽管在我国一手房仍然是市场交易主体，但是近几年国内一线城市和部分二线重点城市已经出现中心城区可出让住宅用地日益稀少、新建商品房郊区化扩展的现象，与此同时，大量新建商品房交易后不断进入存量房市场，二手房市场活跃程度不断提高。随着房地产市场的不断发展成熟，将会有更多城市进入二手房为主的时代。

7.3.1 新房市场供不应求 二手房存量巨大

我国土地资源有限，而且在 18 亿亩耕地红线下，近年来用于房地产开发建设的土地供应呈缩减态势。受土地供应缩减的影响，全国一手房供应增速放缓；与此同时，随着城市经济的发展、城市功能的改造、人民生活水平及可支配收入的不断提高，购房需求保持快速增长。这两方面因素导致一手房供不应求明显。根据国家统计局数据显示，自 2005 年以来，全国一手住宅供求比一直维持在 1.0 以下，近 3 年该比值一直在 0.65 附近。截至 2011 年，一手住宅成交面积比竣工面积多出 38253 万 m^2。

与一手房供不应求形成鲜明对比的是，二手房市场经过数十年的快速发展存量已经初具规模。截至 2011 年底，国内京沪深穗津 5 城市存量住宅的规模，相当于 2009 年一手住宅成交面积的 26~48 倍。二手房市场的流通，将有助于缓解新房市场的供不应求局面。

7.3.2 二手房配套优势明显 选择多样

一手房多为期房，通常需要等待 1 年或则更多的时间才能入住，且新房多数位于城市外围区域，在一些重点城市，多数新盘的周边配套设施都不完善，交通也不方便。据中原统计，上海、广州、深圳 3 城市近 3 年郊区占全市一手住宅批准预售面积的比重分别在 5 成、6 成和 8 成左右。

而二手房基本为现房，可以即刻入住，且在交通、生活配套等资源一般均好于一手房。而且二手房可供选择较多，不仅有小面积、低总价的公房，亦有近年落成的新式商品房，既有地段上的优势，户型、小区等方面的设计也较优秀。相比较而言，二手房为购房者提供了更多的选择空间。

图 7-10 全国一手住宅供求情况（1998—2011 年）

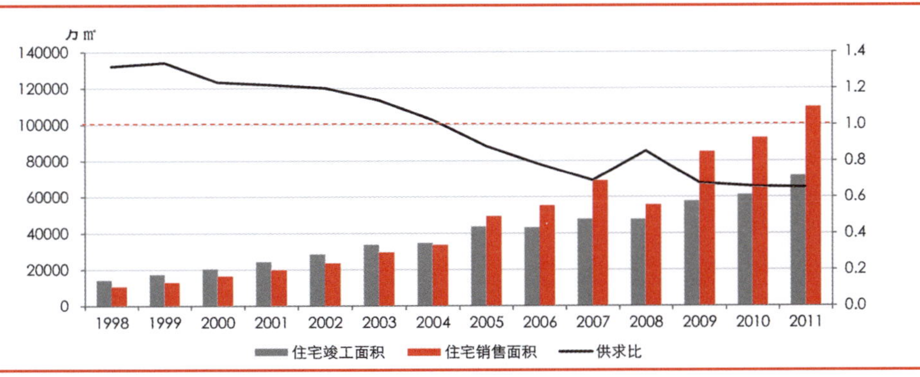

数据来源：中原集团研究中心

注：供求比 = 一手住宅竣工面积 / 一手住宅销售面积

图 7-11 3 城市分区域一手住宅供应占比（2009—2012 年上半年）

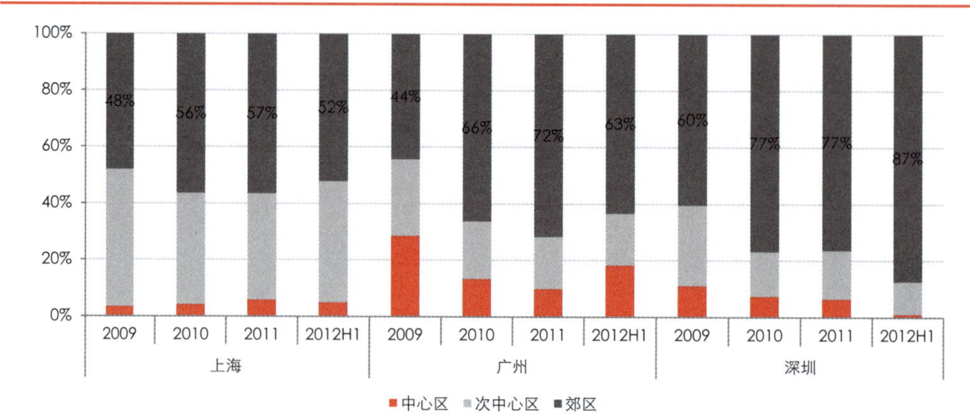

数据来源：中原集团研究中心

图 7-12 5 城市存量及流通率和香港的对比（2011 年）

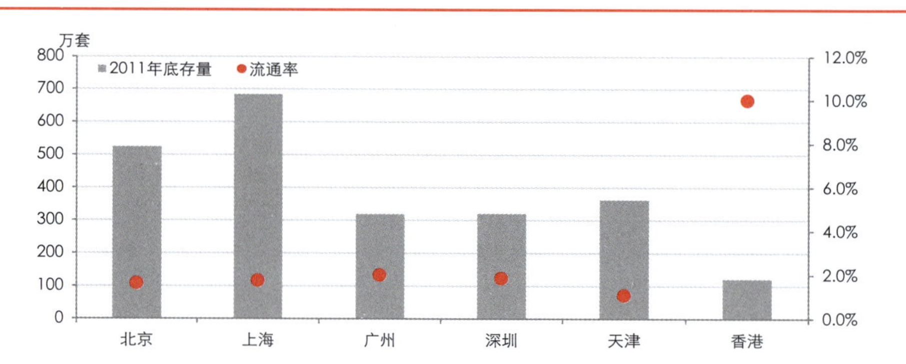

数据来源：中原集团研究中心

7.3.3 流通率有待提高 二手房市场前景广阔

二手房成交占比和二手房流通率是体现房地产发展阶段和成熟度的主要指标。尽管国内二手房市场发展迅猛，但是和房地产市场发展成熟的国家或城市相比，这 2 项指标仍有较大差距。

一是，国内二手住宅占比不高。在房地产市场发展较为成熟的欧美发达国家，二手住宅占比在 80% 以上，香港的二手住宅占比也高达 90%。反观国内，仅一线城市二手住宅占比在 50% 以上，深圳该比重已超过 70%，其他二、三线城市二手住宅占比在 40% 以下。

二是，虽然目前国内主要城市的存量住宅市场已初具规模，但流通率较低。京沪穗深津 5 城市存量住宅的规模是香港的 3~6 倍，但二手房的流通率尚不足 2.0%，和香港 10.0% 的水平差距甚远。

在一手房供应日趋紧张的情况下，二手房市场有望继续快速发展，二手房市场占比和流通率均有望提高。

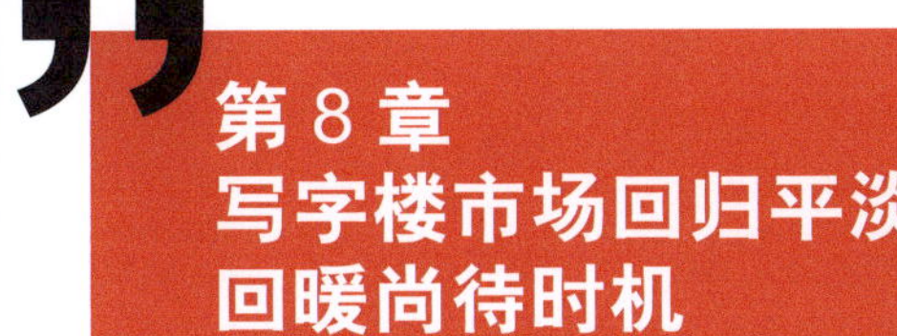

第 8 章 写字楼市场回归平淡 回暖尚待时机

如果说 2011 年是写字楼市场火热的一年，那么 2012 年无疑是其回归平淡的一年。2012 年上半年无论是土地、建设、销售、租赁等一系列市场上，均呈现出明显的改变，“淡”成为 2012 年上半年中国写字楼市场的关键字。虽然短期写字楼市场仍将继续盘整，但写字楼市场并非就此沉寂，从目前的空置水平、租金回报率来看，写字楼租金仍有继续上行的动力，写字楼投资目前来看回报率依然较高。随着中国经济的逐步企稳，调结构政策的陆续出台，中国的写字楼市场的前景依然光明。

8.1 租赁市场：租金分化明显　空置水平回落

受累于中国经济的快速下行以及 2011 年租金的过快上涨，2012 年 1—8 月主要城市写字楼租金上升乏力，平均来看 7 个主要城市的租金上涨 3%，远低于去年全年的 14%。整体来看，表现优异的城市有北京、杭州、成都，上半年租金涨幅分别为 18%、4%、8%，超过去年全年涨幅的一半。上海、广州、深圳、重庆表现较差，上海、广州租金仅微涨 3%、1%，深圳、重庆甚至下跌 9%、3%，与去年相比大相径庭。

图 8-1 7 个主要城市甲级写字楼租金走势图（2004 年 1 月—2012 年 8 月）

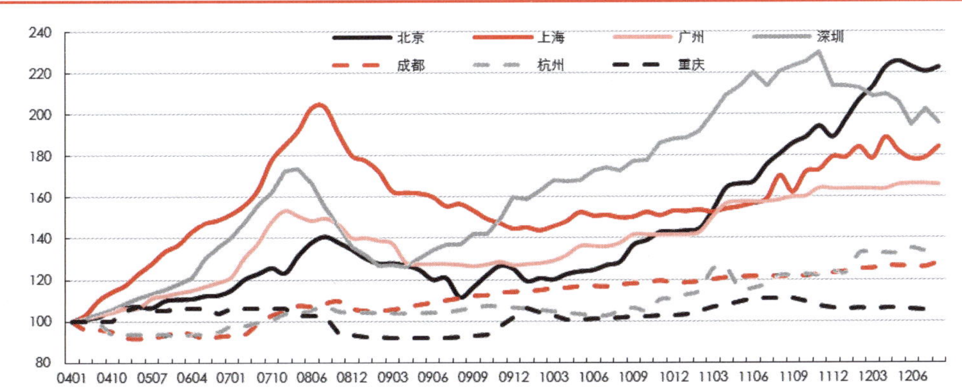

数据来源：中原集团研究中心

图 8-2 7 个主要城市甲级写字楼租金涨跌幅（2011—2012 年前 8 个月）

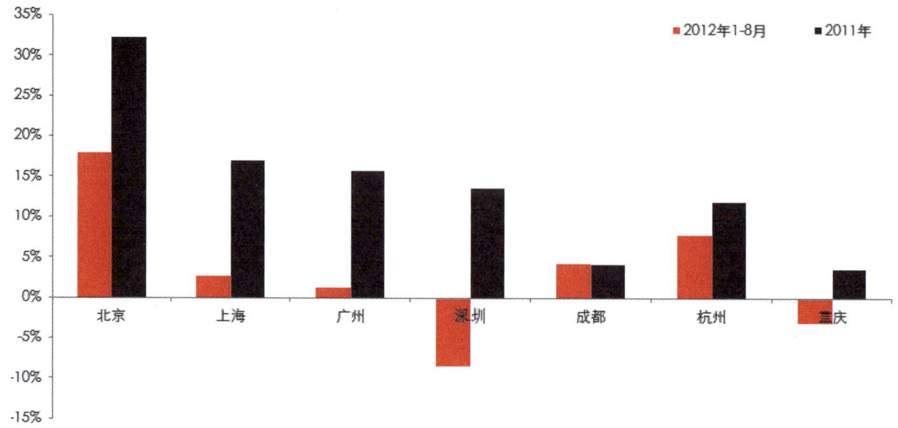

数据来源：中原集团研究中心

虽然租金走势不佳，但是写字楼空置情况依然良好，表明写字楼的租赁需求没有出现明显减少，未来租金有望继续稳中有升。其中，一线城市表现尤为良好，北京、上海、广州写字楼空置在去年底的低位基础继续下降，目前空置率分别为 3.42%、6.58%、6.23%，深圳空置率虽然有所上升，但也仅为 8.79%。二线城市中的成都空置率出现一定程度下降，但仍高达 12.23%，而杭州、重庆空置率有所上升，分别达到 10.81%、16.00%。

图 8-3 7 个主要城市甲级写字楼空置率（2012 年 8 月）

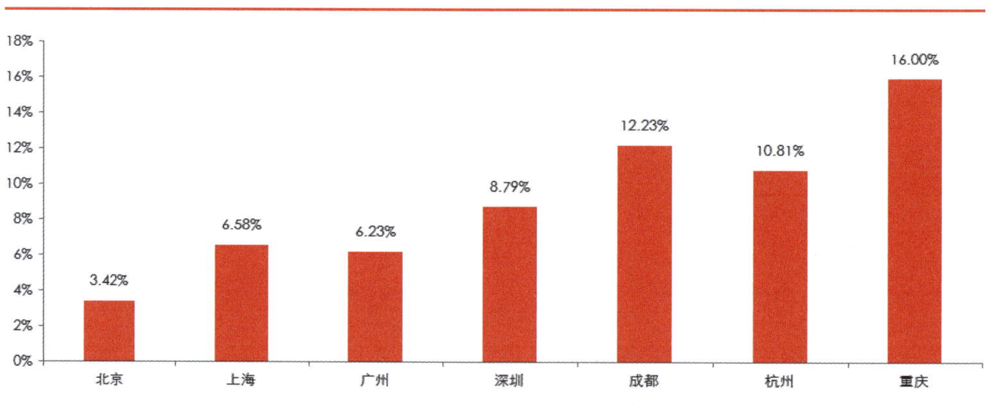

数据来源：中原集团研究中心

8.2 销售市场：销售明显回落 大宗交易活跃

从全国写字楼市场的销售来看，从 2011 年下半年开始，写字楼销售增速出现明显下降，2012 年 1—2 月销售增速甚至出现负增长，虽然 3—7 月同比出现反弹，但整体仍处于低位。2012 年 1—7 月，全国写字楼销售面积同比增长 12.2%，但仍明显高于商品房销售面积 6.6% 的增长率。

图 8-4 商品房、写字楼销售面积同比累计增幅（2010—2012 年）

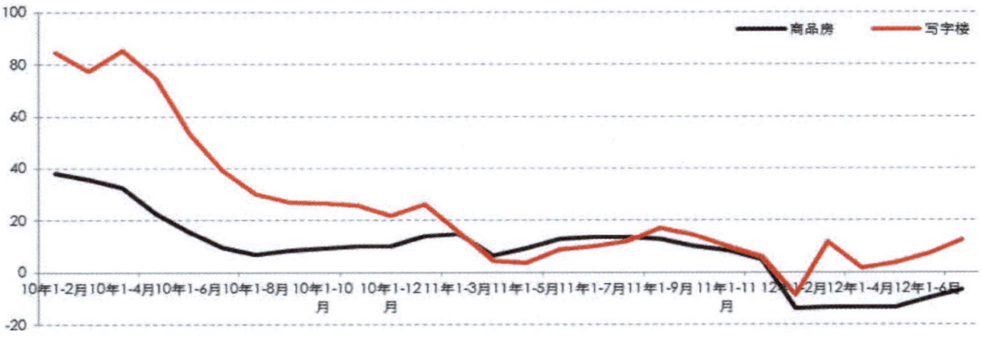

数据来源：中原集团研究中心

其中，写字楼市场最发达的 4 大城市 1—8 月销售面积为 324.65 万 m^2，同比 2011 年下降约 9%。2012 年 1—8 月 4 大城市供求比为 0.97，与 2011 年的 1.24 相比，市场呈现基本平衡。 写字楼销售回落的主要原因是投资者对未来经济前景比较迷茫，同时住宅市场的回暖分流了部分资金。

图 8-5 4 大城市写字楼供求面积（2009—2012 年）

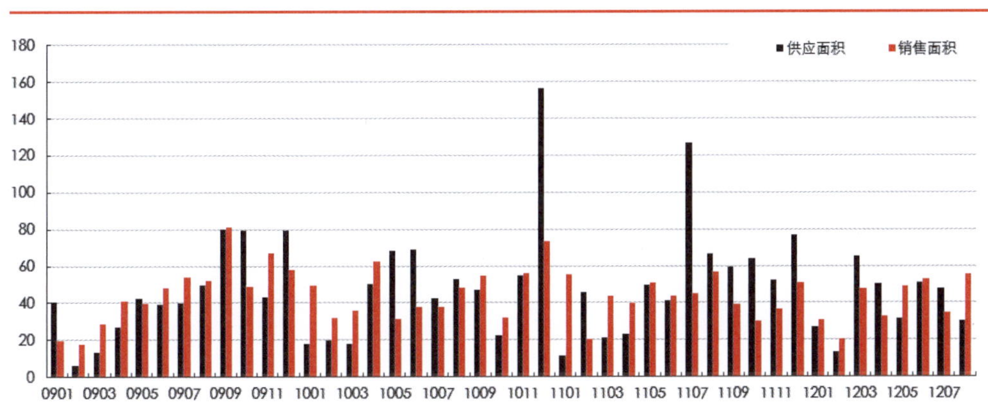

数据来源：中原集团研究中心

在宏观调控的大环境下，知名房企也更愿意持有现金而非经营性物业，上半年开发商出售经营性物业的现象屡见不鲜。其中上海共出现大宗交易 7 例，北京、广州分别出现 1 例。这 8 宗案例共涉及建筑面积 75 万 m^2，总成交金额约 150 亿元，与 2011 年相比明显活跃。其中 SOHO 中国收购证大外滩写字楼项目尤为引人注目，至此 SOHO 中国在上海收购的写字楼项目达到 11 例，成为上海写字楼市场名副其实的“楼王”。

8.3 投资回报：价格涨幅放缓 回报日趋合理

与 2011 年的快速上涨不同，2012 年 1—8 月，写字楼价格涨幅明显趋缓。中原监测的 5 个城市中，深圳、杭州、重庆价格出现下滑，降幅分别为 7.93%、9.68%、2.31%，广州、成都上半年分别上升 7.51%、4.01% 。价格涨幅回落甚至下跌的主要原因是 2011 年价格上涨过快，中国经济又出现快速下滑，在这样的背景下，投资普遍采取了观望的态度，写字楼价格高位盘整现象十分明显。

图 8-6 5 个主要城市甲级写字楼价格走势图（2010—2012 年）

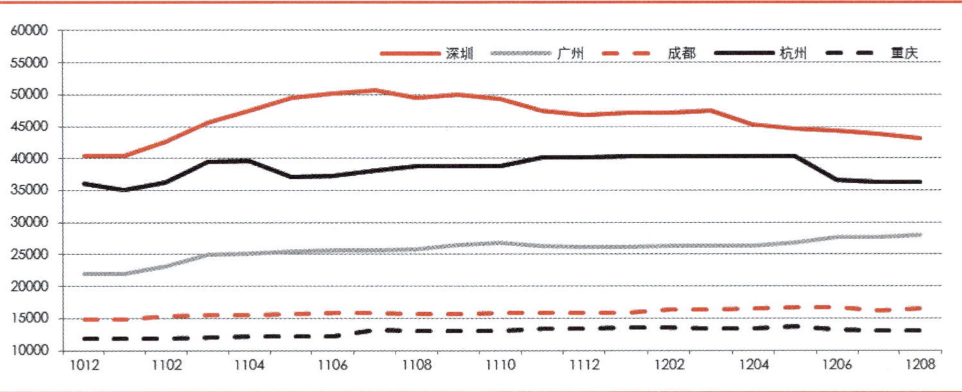

数据来源：中原集团研究中心

受益于价格涨幅的放缓，多个城市写字楼租金回报率出现了一定程度的上升。其中，深圳租金回报率上升 8.15% 达到 4.81%，杭州上升 17.67% 达到 4.59%，成都基本持平为 7.74%，广州、重庆分别下跌 5.14%、4.25% 为 5.74%、5.10%。5 大城市写字楼租金基本处于 4.5% ~ 8% 之间，明显优于住宅的回报率，投资价值依然较高。

图 8-7 5 个主要城市甲级写字楼租金回报率（2012 年）

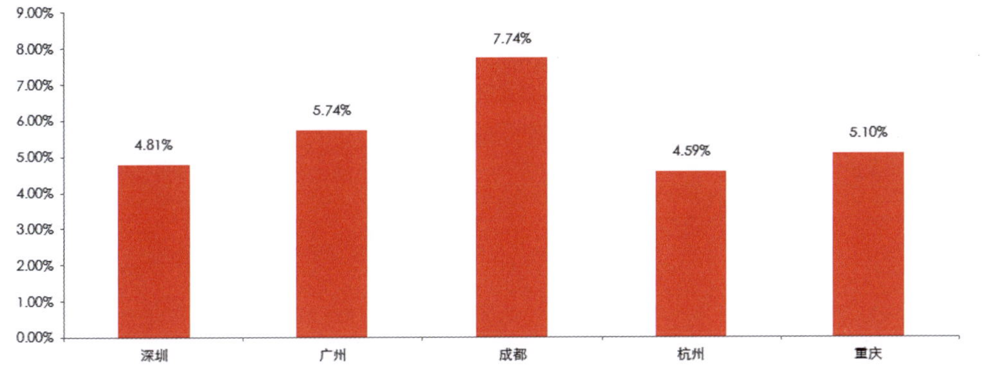

深圳	广州	成都	杭州	重庆
4.81%	5.74%	7.74%	4.59%	5.10%

数据来源：中原集团研究中心

8.4 建设市场：建设大幅放缓 中西部表现亮眼

受销售速度大幅放缓影响，写字楼的开工和竣工速度也明显放缓。2012 年 1—7 月，全国写字楼新开工面积 3226 万 m^2，同比增长 2.5%；写字楼竣工面积 823.6 万 m^2，同比微降 1.5%，写字楼假设速度终于从高位回落。

图 8-8 全国写字楼新开工面积、竣工面积累计同比增幅（2010—2012 年）

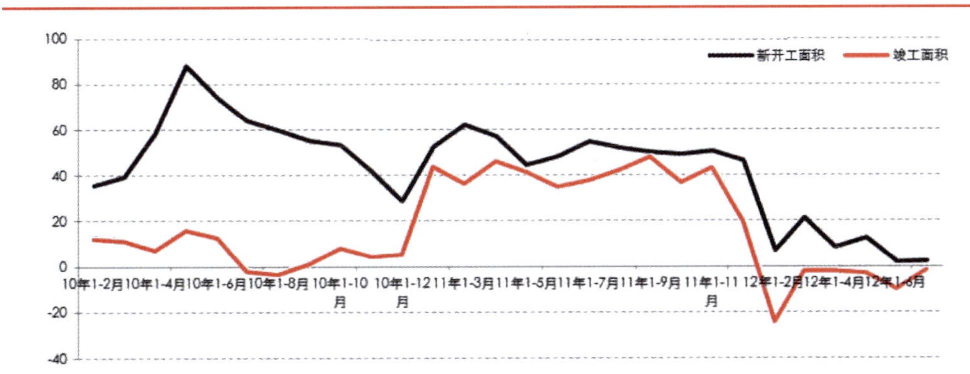

数据来源：中原集团研究中心

虽然建设速度全面放缓，但是中西部写字楼建设表现突出。2012 年 1—7 月，东部写字楼新开工面积同比下降 14.3%，而中、西部写字楼新开工面积同比分别增长 43.2%、26.9%，写字楼建设热潮从东部向中西部转移。

图 8-9 东、中、西部写字楼新开工面积累计同比增幅（2010—2012 年）

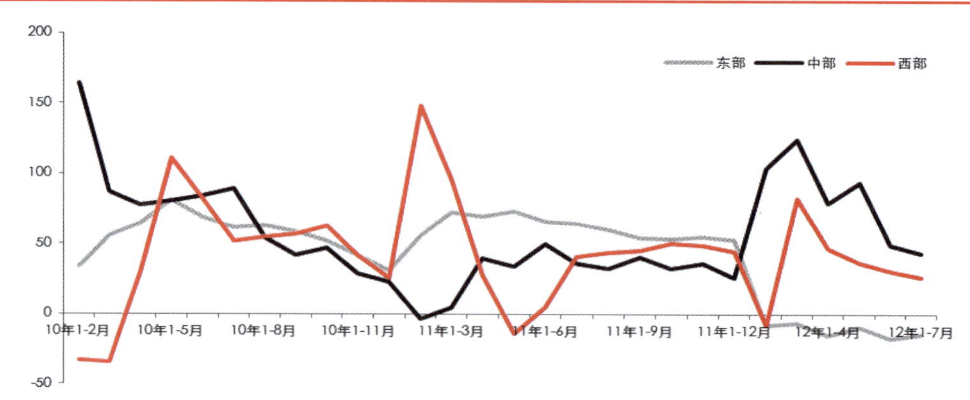

数据来源：中原集团研究中心

8.5 未来预测：回暖尚待时机 前景依旧光明

目前来看，写字楼市场面临以下不利因素：经济仍在探底前景尚不明朗；供应逐步增加需求略显不足；住宅快速回暖资金部分分流；前期涨幅过大本身要求调整。因此，短期内写字楼市场仍将延续上半年的盘整走势，下半年市场仍将不温不火。

然而写字楼市场并非就此沉寂，仍有一些积极因素存在。从目前的空置水平、租金回报率来看，租金仍有继续上行的动力，写字楼投资目前来看回报率依然较高。随着中国经济的逐步企稳，调结构政策的陆续出台，第三产业的增长速度将大幅加快，对写字楼的需求也将水涨船高，中国的写字楼市场的前景依然光明。

第 9 章 数据概览

9.1 政策概览

图 9-1 全国房地产政策微调解析图（2011—2012）

限购

限购松动

2011-12　佛山
限购方向不变，但限购口径或将微调

2012　宁波象山、长沙
如果能够全款买房，只要不按揭，就可以购买第三套甚至更多套住房

2012　七城
天津、西安、三亚、佛山、长春、珠海、成都，“限外放松”外地购房者可补缴社保

2012　北京
可办理“北京临时集体户口”来获取购房资格

2012　海口 义乌
限购到期后并未延期，未出台新的限购政策

2012-8　广州、佛山
代理中介和楼盘销售部可提供办假证规避限购的服务

限购从紧

2012-05　北京
对伪造“绿卡”进行骗购的相关责任人进行惩罚

2012-05　上海
未婚子女单独或同他人（非父母）名下无房的，可新购一套住房，已有一套及以上住房的，不可再购买

2012-06、07 上海
全市停止受理外地人补缴社保材料的过户工作；加强限购方面违法违规的查处力度

2012-08　广州
严查中介限购执行力度

2012-08　海口
重申严格执行楼市限购政策，并对之前未执行限购的楼盘进行了处罚

房贷放松

2012 年初　多数城市 : 首套房贷回归基准利率

2012 年 5 月　全国 : 工行 5 月起叫停首套房贷利率 8.5 折优惠，恢复执行基准利率

2012 年 6-7 月 全国 : 两次降息，首套房贷下限仍为基准利率 7 折，下调个人住房公积金存款利率
大部分城市执行 8.5 折 ~9 折优惠

2012 年 7 月　全国 : 工行首套房贷利率“基准利率”到最低 8.5 折

2012 年 8-9 月 全国 : 部分中小银行收紧首套房贷利率优惠，4 大行除中行外仍执行首套房贷最低 85 折优惠，但放款速度变慢 , 心理影响大于实际影响

信贷

公积金放宽

2011-09 至 2012-06　13 城：厦门、南昌、蚌埠、克拉玛、滨州、郑州、信阳、呼和浩特、芜湖、临沂、常州、南京、合肥、贵阳上调公积金贷款额度，幅度普遍在 15%~25% 之间

2011-11　吉林：公积金贷款 90m^2 以下首套房　可申请二套房公积金贷款

2011-12　江苏：调整后的省公积金贷款政策允许二次放贷，但有明确的条件限制

2012-04　武汉：上调最高贷款额度；购买 90m^2 以下一手房，最低首付由 3 成调低到 2 成；上调月按揭还款额占职工收入的比例

2012-05　沈阳：首套 90m^2（含）以下普通住房贷款最低首付比例由 3 成下调至 2 成；申请贷款须满足的缴存时间从一年缩短为半年

2012-05　广州：购买首套 90m^2（含）以下或经适房的家庭，首付款比例最低可为 20%；公积金贷款初审阶段提速，一般申请 1 个月左右就可以放款

杭州：放开 20 年以上二手房的公积金贷款

2012-08　宁波：从 8 月 1 日起，将全市个人住房公积金最高贷款额度，由每户 60 万元调整为 80 万元

2012-08　成都：成都市开通“现房”住房公积金贷款业务

2012-09　深圳：出台《深圳市住房公积金贷款管理暂行规定》结束了深圳无公积金贷款史

购房入户

2011-11　长春
对申请落户者的经济能力和购房面积不再要求

2012-01　无锡
购房落户门槛从 100m^2 降至 70m^2

2012-01　广州从化
将本该取消的购房入户政策延缓 2 年

2012-08　辽宁营口
新购商品住宅的购房者予以免费落户

2012-10　贵阳
在贵阳购买商业、办公用房和首次购买住房的，可享受本市户籍人口同等待遇

购房补贴

2011-11　重庆
重提购房退税，强调对首次置业补贴

2011-12　杭州
在经济开发区注册、纳税和经营的企业员工首套购房发放补贴

2012-04　北京
拆迁补偿款买房免征个人所得税，成交价超过拆迁补偿款的，对超过部分征收契税

2012-04　营口
公务员等年内在本市站前区、西市区两区内购买新建商品住房的可获得一次性住房补贴，补贴直接拨付给开发商

2012-05　扬州
对个人新买的成品住房，不同面积给予 4‰～6‰的奖励；2012 年 7 月 1 日起实施

2012-08　辽宁营口
新购商品房（二套房、非住宅）契税，在取得房屋所有权证后予以全额补贴

2012-07　南京
入选“321”计划的人才首次购买自住商品住房，可按 5 年内个人所得税市以下留成部分，给予购房补贴

购房者

调整普通住房标准

2011-11　北京
总价限制变为单价限制，地域划分更细

2011-12　武汉
中心区总价由 100 万元调至 140 万元；远城区总价由 80 万元调至 90 万元

2012-01　厦门
单价界定调整为总价界定，岛内岛外标准不一

2012-02　天津
各区普通住房指导价平均上调超过 30%

2012-02　江门
普通住房标准由 2011 年下半年的 7574 元 /m^2 下调至 7204 元 /m^2

2012-03　上海
增加了单价限定，总价方面内环内上调 35%，内外环之间上调了 43%、外环以外上调 63%

2012-03　中山
每半年度的住房平均交易价格作为下一半年度确认普通住宅标准的计算依据

2012-04　沈阳
分一、二级区域对普通住房价格标准进行了相应调整

2012-08　东莞
一类街镇上调幅度高达 33%。二类镇街上调幅度仅 13%；三类镇街没有调整

房源解禁

2011-11　北京
定向安置房“按照经济适用住房产权管理”，交易时间不受 5 年的限制

2012-01　中山
住房限价由去年的 5800 元 /m^2 上调至 6590 元 /m^2

土地出让

2011-11　北京

首宗地块取消配建要求，后配建要求避而不谈；挂牌土地不再公告截止日期

2012　北京

下调土地收入预期，适度加强配建比例，一般不低于 30%

最低配建面积由 100m^2 提至 1000m^2

2012-08　山东

提出“一次竞价”的土地出让方式以抑制住房用地价格非理性上涨

2012-08　三亚

严禁利用集体建设用地进行商品住宅或产权式酒店项目开发

2012-02　合肥

对总投资在 5 亿元以上的大型商业项目，按物业自行持有比例在地价上给予 5~7 折优惠

2012　杭州、成都

对土地配建条件避而不谈

2012-09　北京、上海

中止热点地块出让以稳地价

2012-08　河南

加大对闲置土地处置的力度，并引入问责

开发商

资金、预售监管

2012-04-18　北京：商品房预售资金管理办法增加了资金放行节点

2012-04-30　鄂尔多斯：对久拖不开且开工无望的项目要通过转让、合作、并购等手段进行整合，回收各类要素资源；鼓励市内大企业组织员工团购市场存量房

2012-06-24　河南：在确保资金安全规范的前提下加大房地产信贷有效投放力度；鼓励各银行业金融机构合理延长房地产开发企业贷款还款期限，力争在现有基础上延长 3 个月

2012-08-16　武汉：10 月将启用“商品房预售资金监管系统”，在银行开设监管账户，购房定金以及房款都将进入监管账户，对开发商企业的商品房预售资金进行实时监管

2012-09-26　全国：房地产开发贷款“定向宽松”趋势明显，各商业银行对全国大型房企抛出“橄榄枝”

2012-09　多地：相继启动“一房一价”专项检查，从一定程度上规范了预售交易

2012-09　石家庄：房管部门要求未取得预售证的项目不得参加展销和宣传活动

政策“叫停”板

佛山	户籍居民家庭在现行限购政策和住房套数的基础上，允许增购一套 7500 元 /m^2 以下的住房	触及调控基本面，被叫停
成都	放松对购房者的资格审查	触及调控基本面，被叫停
上海	外地户籍居民持长期居住证满 3 年，可以享受本地户籍居民同等购房资质	一周内被叫停
芜湖	自住普通商品房免收契税并给予购房补贴	出台 3 天被叫停
湖南	省发改委下发文件明确表示将推出利率优惠、降低首套房首付比例、减免相关税费等措施，支持居民购买首套普通住房	次日省发改委官员辟谣否认
重庆	可贷额度由账户余额的 15 倍提到 25 倍；上调最高贷款额度；允许贷款职工补缴账户余额	一周内被叫停
石家庄	拟定了一系列限购调整措置	未经正式发布，已被上级部门否决
河南	凡家庭名下无房产登记购房的均视为首套房，金融机构原则上应给予基准利率下浮 30% 幅度内的优惠	首套房认定标准微调，执行前取消
珠海	珠海重新调整了限购范围；并提出限价不作为调控主要手段	“珠海双限令松绑”连夜叫停

中央政府关于房地产调控的重要表态或文件（2012 年前 10 个月）

表 9-1

事件	日期	单位	政策要点
周小川：金融机构可以承担房地产调控带来的风险	2012-01-04	央行	央行行长周小川表示，中国房地产价格不会大起大落，金融机构完全可以承担房地产调控带来的风险。4 大银行方面也都认为，房地产价格调整的整体风险依然可控
住建部：限购乃不得已为之	2012-01-06	住建部	住建部保证在 2012 年 6 月末前实现 40 个主要城市的个人住房信息系统联网；姜委新特别指出“限购实为不得已而为之，其原因之一就是个人信息不清楚
温家宝第 6 次提到促使房价合理回归	2012-02-10	国务院	温家宝表示房地产调控目标有 2 个：一是促使房价合理回归不动摇，二是促进房地产市场长期、稳定、健康发展
《关于做好 2012 年房地产用地管理和调控重点工作的通知》	2012-02-15	国土部	明确了住房用地供应计划总量不低于过去 5 年年均实际供应量，严格控制高档住宅用地，不得以任何形式安排别墅类用地；严打违法、强化住房用地的供后监管；今年起，除招拍挂出让中溢价率超过 50%、成交总价或单价创历史新高的用地外，流标、流拍的也要通过监管系统及时上报
关于进一步加强住房公积金监管工作的通知	2012-02-16	住建部	加强对住房公积金业务管理、政策执行、风险控制和规范服务等工作的监督、考核加快推进住房公积金监管信息系统建设，统一信息技术标准，加强安全管理
温家宝政府工作报告	2012-03-05	国务院	一是严格执行并逐步完善抑制投机、投资性需求的政策措施，进一步巩固调控成果，促进房价合理回归
张平就答中外记者提问	2012-03-05	发改委	二是继续推进保障性安居工程建设，基本建成 500 万套，新开工 700 万套以上；抓紧完善保障性住房建设、分配、管理、退出等制度；采取有效措施，增加普通商品住房供给
谢旭人答中外记者提问	2012-03-06	财政部	三是加快建设城镇住房信息系统，改革房地产税收制度
李朴民：2012 年国民经济和社会发展计划	2012-03-07	发改委	抓紧研究促进房地产业长期健康发展的长效机制；努力增加普通商品房的供给能力，特别是增加中小户型、中低价位住房的供给，坚决抓好保障性住房的建设，促进房地产业能够长期健康稳定发展
姜伟新：至少将七八个大城市的房价降下来	2012-03-07	住建部	财政税务部门已经会同有关部门，与上海、重庆两市人民政府一起，总结试点经验，在此基础上进一步研究推进房产税改革的方案，适当扩大试点范围，积极稳妥地加以推进
姜伟新：限购短期不会放松	2012-03-08	住建部	第一，加快推进住房保障体系建设；继续增加商品住房有效供给，提高中小套型、中低价位住房比重，规范发展住房租赁市场
刘士余答中外记者提问	2012-03-12	央行	第二，严格落实差别化的住房税收、信贷等政策，支持自住性需求，抑制投资性和投机性需求，引导住房合理消费，遏制房价的过快上涨
《关于继续做好房地产市场调控和加快保障性住房建设问题》	2012-03-12	7 部委	第三，完善土地、财税、金融等综合调控体系，形成有效调节住房供应和需求的长效机制
七部委：保持首套房贷款政策稳定性	2012-03-12	七部委	下定决心，至少将 7、8 个大城市的价格一定得降下来；从“十三五”开始，保障房可能会转为资金补贴为主
温家宝答中外记者提问	2012-03-14	国务院	限购短期内不会有所微调和放松；对一线城市房价下降非常有信心
住建部和官媒双重辟谣：未有刺激政策	2012-04-25	住建部、人民日报	楼市调控不会再出新招，但也绝对不会放松
温家宝视察北京保障房	2012-05-01	国务院	全面落实差别化的住房信贷政策；各家银行对居民个人首套自住普通商品住宅的贷款必须予以保证
谢旭人：稳步推进房产税改革试点	2012-05-01	财政部	央行鼓励各家金融机构在央行的基准利率和首套普通商品住宅贷款优惠利率的下限之间自主定价
住建部：继续限购的同时稳步推进房产税试点	2012-05-17	住建部	支持政府主导的公租房为主体的保障房建设
温家宝：稳定房地产市场调控政策	2012-05-19	国务院	信贷资金要支持普通商品住宅的建设或开发
温家宝：把稳增长放在更加重要的位置	2012-05-23	国务院	要继续严格实施差别化住房信贷、税收政策和住房限购措施，严格执行二套房认定标准；保持首套房贷款政策稳定性，大力优化信贷结构

续表

事件	日期	单位	政策要点
多部委要求地方 5 月底前上报 2013-2015 年保障房建设计划	2012-05-23	多部委	住建部、发改委、民政部、财政部、国土部、央行、银监会 7 部门联合递交了《关于继续做好房地产市场调控和加快保障性住房建设问题》报告提出，要继续严格实施差别化住房信贷、税收政策和住房限购措施，严格执行二套房认定标准。保持首套房贷款政策稳定性，大力优化信贷结构
地方自发债规模增加	2012-05-23	财政部	《2012 年地方政府自行发债试点办法》试点范围并没有变化，依旧为上海、浙江、广东、深圳；今年地方政府债券发行规模比上年增加 500 亿元至 2500 亿元
《关于做好 2012 年住房保障信息公开工作的通知》	2012-05-28	住建部	通知细化了保障房信息公开工作；其中年度建设计划完成进度要求每月后 10 个工作日内公开，使之能够受到外部舆论监督；而分配及退出环节的信息公开，也令保障房分配情况情况更为透明
《闲置土地处置办法》修订通过	2012-06-01	国土部	《闲置土地处置办法》已经 2012 年 5 月 22 日国土资源部第 1 次部务会议修订通过，自 2012 年 7 月 1 日起施行；这是 12 年来首次对该办法进行修订；《办法》规定 6 种情况属于"政府原因闲置"；再次明确了未动工开发满一年的闲置土地，按照土地出让或者划拨价款的 20% 征缴土地闲置费
央行：三年来首次降息	2012-06-08	央行	自 2012 年 6 月 8 日起下调金融机构人民币存贷款基准利率；金融机构一年期存款基准利率下调 0.25 个百分点，一年期贷款基准利率下调 0.25 个百分点；其他各档次存贷款基准利率及个人住房公积金存贷款利率相应调整
《公共租赁住房管理办法》出台	2012-06-12	住建部	《办法》对公租房的申请条件、运营监管、退出机制等作出明确规定；同时明确可通过新建、改建、收购、长期租赁等多种方式筹集
银监会对二套房的风险权重取态的变化	2012-06-14	银监会	6 月 8 日，银监会颁布《商业银行资本监管办法（试行）》明确个人住房抵押贷款的风险权重统一定为 50%，并于 2013 年 1 月 1 日起实施；而 2011 年 8 月发布的征求意见稿中对首套房贷和二套房贷，风险权重分别为 45% 和 60%
住宅项目容积率不得低于 1.0	2012-06-18	国土部	《关于发布实施〈限制用地项目目录（2012 年本）〉明确限定住宅项目容积率不得低于 1.0；自发布之日起实施，此前发布的 2006 年本和 2006 年本增补本目录同时废止
央行、银监会再申：个人住房贷款政策没有变化	2012-06-26	央行、银监会	"2012 陆家嘴论坛新闻发布会"央行上海总部副主任凌涛表示："关于房贷，央行总行已经有正式答复，房贷政策没有变化；银监会办公厅副主任杨少俊则表示，从银监会角度来说，对房地产监管要求没有任何改变
年内第二次降息	2012-07-05	央行	自 2012 年 7 月 6 日起下调金融机构人民币存贷款基准利率；一年期存款基准利率下调 0.25 个百分点，一年期贷款基准利率下调 0.31 个百分点；其他各档次存贷款基准利率及个人住房公积金存贷款利率相应调整
温家宝：今年以来第五次强调调控房价	2012-07-07	国务院	温家宝调研时强调，要防止变相放松购房政策，毫不动摇地继续推进房地产市场各项调控工作，促进房价合理回归，决不能让房价反弹；这是温家宝今年以来第五次公开强调调控房价
住建部调研地方微调行为 将加强地方问责	2012-07-10	住建部	住建部正调研地方微调行为，对地方出台或变相放松房地产市场调控政策的，会予以纠正，加强地方问责；下半年倾向于"强调既有政策"，当中对于核心政策限购的执行层面，正在收紧
国土部称将加强对市场波动影响的调控	2012-07-12	国土部	国土资源部称，下一步，将继续坚定不移贯彻中央关于房地产市场的调控政策，积极配合相关部门，继续做好土地供应与市场调控工作
徐绍史：坚定不移地搞好房地产调控	2012-07-18	国土资源部部	国土资源部部长徐绍史：下半年，一定要坚定不移地搞好房地产调控，增加普通商品房用地的供给，坚持招拍挂制度，关注异常交易，防范异常交易，不让其干扰整个土地市场
三部委下发紧急通知：坚决防止房价反弹	2012-07-19	国土资源部、住房城乡建设部	《关于进一步严格房地产用地管理巩固房地产市场调控成果的紧急通知》 ■ 各级主管部门坚持房地产市场调控不放松，密切配合做好各项工作，坚决防止房价反弹。不得擅自调整放松要求。已放松的，要立即纠正 ■ 从 7 月开始，国土部将对保障性安居工程用地和普通商品住房用地供应实行月度指导，对落实较差的将予以通报，年底对各省（区、市）进行目标责任考核 ■ 下半年各地要防止出现高价地，扰乱市场预期；对预判成交价格创历史总价新高、或单价最高，或溢价率超过 50% 的房地产用地及时调整出让方案

续表

事件	日期	单位	政策要点
人民日报：调控不能功亏一篑	2012-07-23	人民日报	稳房价，政策没有任何松动；眼下调控仍处关键时期，如果放松调控，任由房价反弹，政府的信誉将大打折扣；坚持调控楼市，坚持稳定房价，是经济问题、民生问题，更是政治问题，来不得半点动摇
张平：稳定房地产市场调控政策	2012-08-29	发改委	下半年要稳定房地产市场调控政策，坚决抑制投机投资性需求，切实增加普通商品住房特别是中小套型住房供应，防止房价反弹；加强舆论引导，稳定市场预期，避免不实信息炒作误导
王珏林：楼市新政不超出“新国八条”范围	2012-08-30	住建部政策研究中心	住建部政策研究中心副主任王珏林日前表示，未来房地产调控政策的导向将以“新国八条”为主要依据，倘若出台新政策，不会超出这个范围
温家宝：增加住房有效供应	2012-08-31	国务院	房地产市场调控仍处于关键时期，巩固房地产市场调控成果，需要坚决遏制投资投机性购房需求，更重要的是增加住房有效供应，包括普通商品房和保障房供应
国土部土地利用计划差别化管理	2012-09-03	国土部	土地利用计划差别化管理，即重点按照各地区土地资源供应现状、规划执行、固定资产投资、补充耕地等因素，综合测算、科学分解下达计划指标；土地供应和使用的因地制宜将减少粗放用地，促进土地节约集约利用
国税总局：基本住房需求或将予以一定税收优惠	2012-09-03	国税总局	对个人住房征税涉及面广，需要一系列的配套制度，扩大试点方案以及细化的征收标准和办法尚未最终确定；房产税对抑制房地产市场的投资投机行为有一定作用，但作用是有限的；在扩大房产税改革试点问题中，他们将充分考虑居民基本住房需求，对属于基本住房需求的部分予以一定的税收优惠
秦虹：房地产调控将坚持抑制投机性方向	2012-09-06	住建部政策研究中心	住建部政策研究中心主任秦虹 6 日表示，房地产调控政策的方向会继续坚持，核心内容是坚持抑制投资投机性需求不动摇，满足合理住房需求不动摇；主要手段是坚持差别化的信贷和税收政策
国土部要求严格执行各类土地使用标准	2012-09-12	国土部	《关于严格执行土地使用标准大力促进节约集约用地的通知》要求各地严格执行各类土地使用标准，加大审查力度，加强对标准执行的监管和评价
住建部提出下一阶段房地产调控四大要求	2012-09-23	住建部	一、要坚定不移地执行好现有调控政策，巩固调控成果。继续指导督促限购城市严格执行住房限购措施，确保限购措施实施效果；适时对执行调控政策不力、放松调控政策，造成房价过快上涨的地区实行问责；加快研究并完善房地产市场调控政策措施，完善房地产市场调控长效机制 二、要继续落实差别化住房信贷、税收政策，坚决抑制投机投资性需求 三、要加大住房用地供应力度，增加普通商品住房供给 四、有关部门还将继续做好房价、地价动态监测，密切关注住房成交量、房价等关键指标的新变化，做好防止房价反弹的政策预案
两部委发文 加强土地出让管理	2012-09-29	国土部、住建部	两部委联合发通知，力推保障房建设落实、严格土地出让管理；企业违约开发土地、因自身原因土地闲置一年的，将禁止竞买资格；通知要求建立保障房、中小套型商品住房行政审批快速通道；如果市、县发布的公告中存在捆绑出让、超用地规模、“毛地”出让、超 3 年开发周期出让土地的，要责令立即撤销公告，调整出让方案重新出让
财政部追加 2012 年公租房棚改专项资金 50 亿	2012-10-08	财政部	中央财政追加下达 2012 年中央补助公共租赁住房和城市棚户区改造专项资金 50 亿元人民币，用于公共租赁住房和城市棚户区改造相关配套基础设施建设支出
国务院下放商品房预售许可审批权	2012-10-10	国务院	“商品房预售许可”的行政审批权将由原来的“县级以上地方人民政府房地产管理部门”，下放到“设区的市级、县级人民政府房地产管理部门”

数据来源：中原集团研究中心根据公开资讯监测

9.2 标杆房企

标杆房企综合排名（2011—2012 年 9 月） 表 9-2

销售金额（亿元）					
序号	发展商	2011	序号	发展商	2012 年 1—9 月
1	万科	1215	1	万科	963
2	恒大	804	2	保利	756
3	保利	732	3	中海	747
4	中海	723	4	恒大	586
5	华润	360	5	绿城	366
6	绿城	345	6	华润	345
7	雅居乐	314	7	招商	247
8	金地	309	8	富力	223
9	富力	293	9	金地	223
10	招商	210	10	雅居乐	207
销售面积（万 m^2）					
序号	发展商	2011	序号	发展商	2012 年 1—9 月
1	恒大	1220	1	恒大	973
2	万科	1075	2	万科	908
3	保利	650	3	保利	669
4	中海	558	4	中海	585
5	雅居乐	309	5	华润	284
6	华润	300	6	雅居乐	217
7	富力	225	7	富力	191
8	金地	223	8	金地	191
9	绿城	174	9	绿城	182
10	招商	120	10	招商	172
购地金额（亿元）					
序号	发展商	2011	序号	发展商	2012 年 1—9 月
1	万科	301	1	万科	149
2	保利	246	2	中海	93
3	中海	239	3	保利	92
4	招商	133	4	恒大	82
5	绿城	69	5	招商	80
6	富力	54	6	华润	77
7	恒大	51	7	金地	24
8	金地	33	8	雅居乐	21
9	雅居乐	15	9	富力	20
10	华润	4	10	绿城	17

续表

购地可建面积（万 m^2）					
序号	发展商	2011	序号	发展商	2012 年 1—9 月
1	万科	1690	1	万科	740
2	中海	1009	2	保利	455
3	保利	986	3	中海	422
4	绿城	692	4	恒大	371
5	招商	348	5	华润	305
6	恒大	227	6	招商	191
7	金地	194	7	雅居乐	179
8	富力	103	8	金地	125
9	雅居乐	61	9	富力	55
10	华润	20	10	绿城	19

数据来源：中原集团研究中心

9.3 土地市场

总价地王（2011—2012 年 9 月）

表 9-3

	2011				2012 年 1—9 月			
城市	公告号	区域	土地用途	总价（亿元）	公告号	区域	土地用途	总价（亿元）
北京	京土整储招（朝）[2011] 053 号	朝阳	商办	34.5	京土整储招（西）[2012] 054 号	西城	商办	34.2
上海	201100510	宝山	居住	31.3	201211501	浦东	商办	20.5
广州	穗国房挂出告字〔2011〕17 号 1	荔湾	居住	30.7	SDK-D-3	开发	居住	13.7
深圳	K202-0014	南山	居住	64.4	T107-0028	南山	居住	26.5
天津	津西解（挂）2011-188	河西	居住	29.9	津西卫 (挂) 2012-066	河西	居住	29.7
重庆	11143	渝中	居住	65.4	12054	北部	居住	22.0
成都	CH23(211/252): 2011-136	成华	居住	19.1	JJ01(211/252): 2012-25	锦江	商办	17.4
武汉	P（2011）157	青山	居住	20.1	P（2012）072	武昌	居住	16.7
长春	55-21-43 55-21-44、55-21-45	净月	居住	7.9	43-66-363	南关	居住	8.3
南京	NO.2011G07	建邺	居住	44.7	NO.2012G01	栖霞	居住	23.4
杭州	杭政储出[2011]43	下城	商办	26.8	杭政储出[2012]16	滨江	居住	23.5
苏州	苏地 2010-B-43	吴中	居住	17.3	苏地 2012-G-71	平江	居住	9.8
长沙	[2011] 网挂 001	芙蓉	商办	56.4	[2012] 网挂 023	岳麓	居住	7.9

注：2011 年广州总价地王的位置为：荔湾区大坦沙铁路以北

数据来源：中原集团研究中心

单价地王（2011—2012 年 9 月）

表 9-4

城市	2011				2012 年 1-9 月			
	公告号	区域	土地用途	楼面地价（元 / m^2）	公告号	区域	土地用途	楼面地价（元 / m^2）
北京	京土整储挂（崇）[2011] 044	崇文	商办	43228	京土整储挂（朝）[2012] 026	朝阳	商办	37875
上海	201101003	浦东	居住	21362	201211501	浦东	商办	28983
广州	天河区珠江新城 B2-11	天河	商办	17933	天河区珠江新城 D4-B2	天河	商办	32968
深圳	T107-0011	南山	商办	11836	T107-0015	南山	居住	11438
天津	津和成（挂）2010-278	和平	居住	17868	津和金（挂）2012-048	和平	商办	18925
重庆	11011	江北	商办	8090	12045	江北	居住	5009
成都	JJ0（252/211）：2011-70	锦江	居住	5740	WH10（252/211）：2012-110	武侯	居住	7600
武汉	P（2011）185	江汉	商办	9282	P（2011）252	经开	商办	6443
长春	55-151-68	净月	商办	3674	220105004001 GB00019	二道	商办	5160
南京	NO.2011G59	白下	居住	14232	NO.2012G05	白下	居住	14145
杭州	杭政储出 [2011]35	拱墅	商办	20567	杭政储出 [2012]4	上城	商办	34600
苏州	苏地 2010-B-33	平江	居住	30291	苏地 2012-G-11	沧浪	商办	7387
长沙	[2011] 网挂 001	芙蓉	商办	8053	[2012] 网挂 028	天心	商办	4657

注：2011 年广州总价地王的位置为：荔湾区大坦沙铁路以北

数据来源：中原集团研究中心

图 9-2 总价地王（2010—2012 年 9 月）

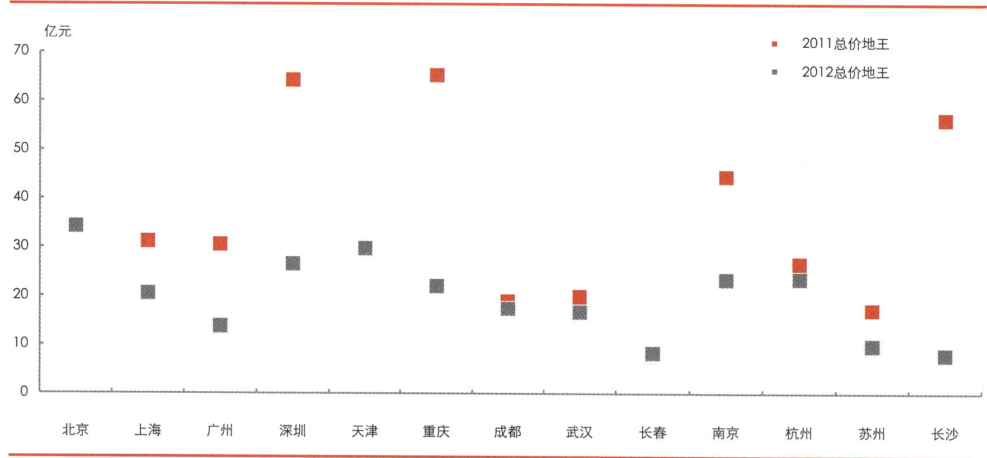

数据来源：中原集团研究中心

图 9-3 单价地王（2010—2012 年 9 月）

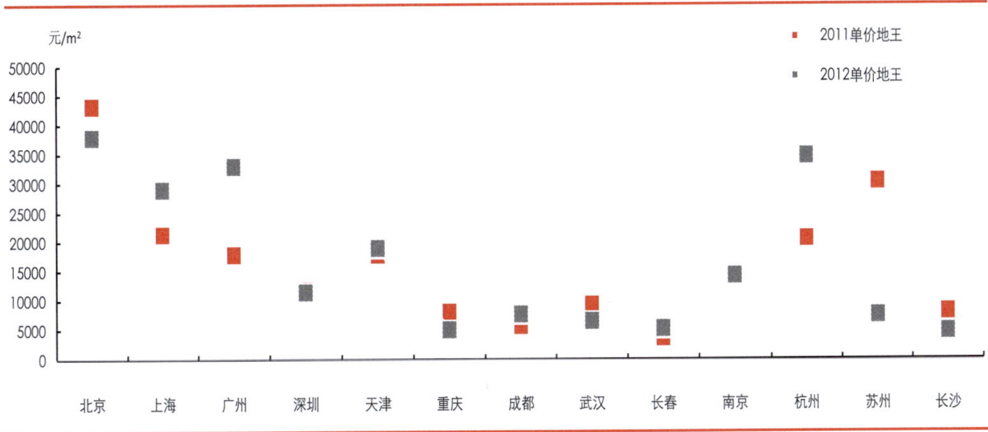

数据来源：中原集团研究中心

图 9-4 13 个重点城市土地供应量（2008 年 1 月—2012 年 8 月）

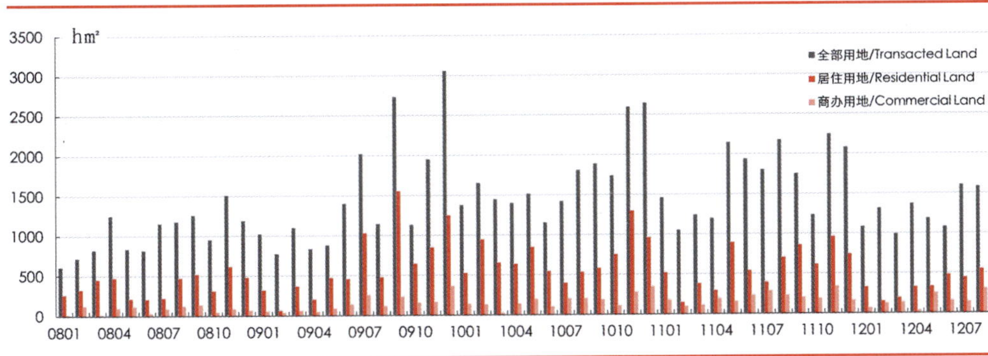

数据来源：中原集团研究中心

图 9-5 13 个重点城市土地成交量（2008 年 1 月—2012 年 8 月）

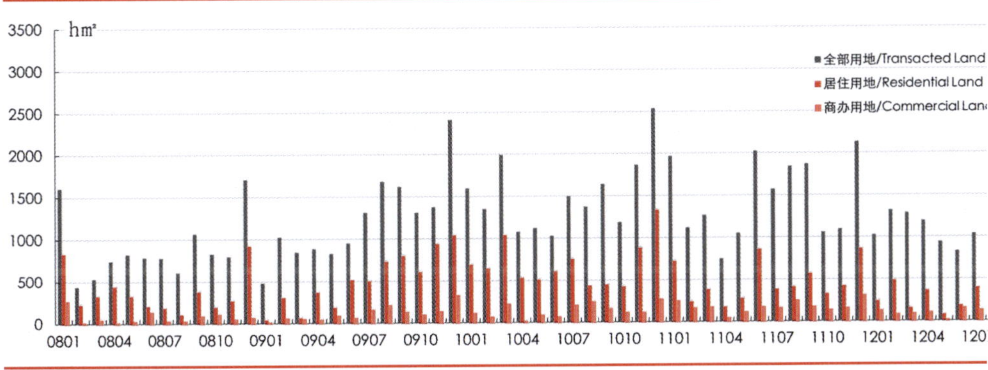

数据来源：中原集团研究中心

图 9-6 13 个重点城市居住用地楼面地价及溢价情况（2009—2012 年 8 月）

元/ ㎡

Premium Rate溢价率　Floor Price楼面地价

数据来源：中原集团研究中心

9.4 新建住宅市场

图 9-7 重点城市一手住宅成交量价走势图（2006 年 1 月—2012 年 9 月）

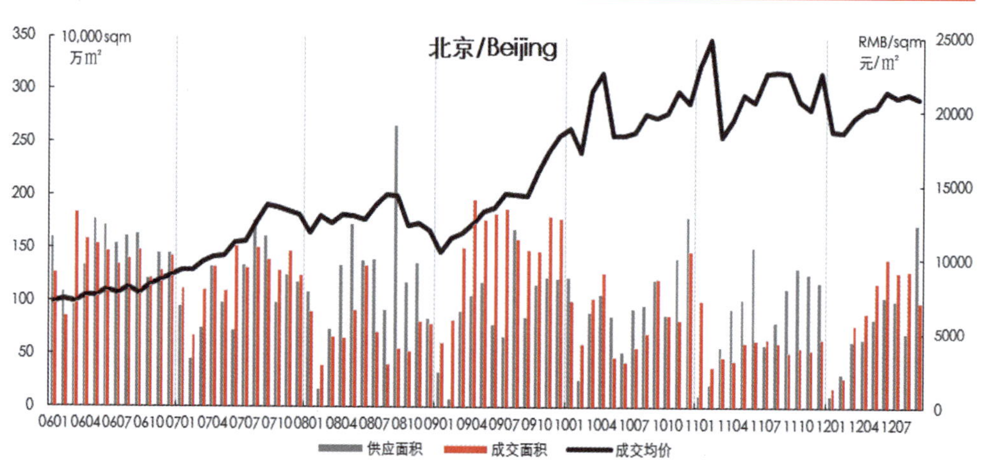

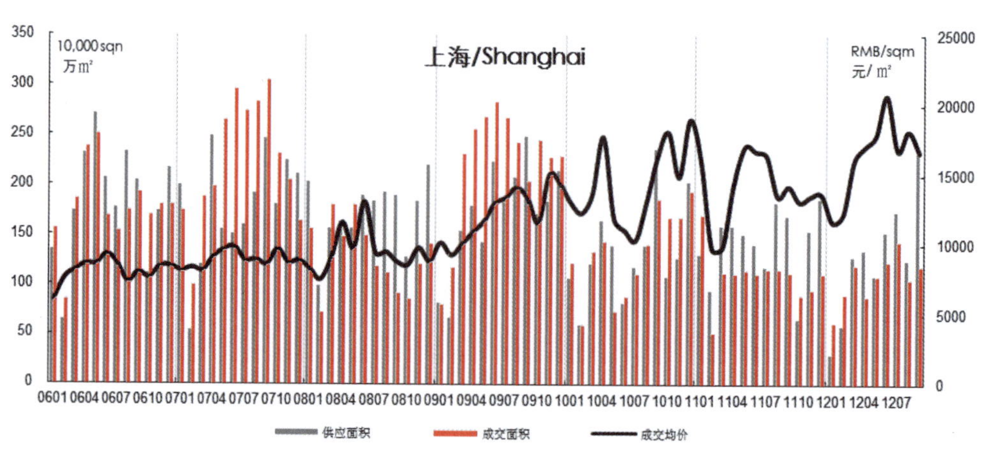

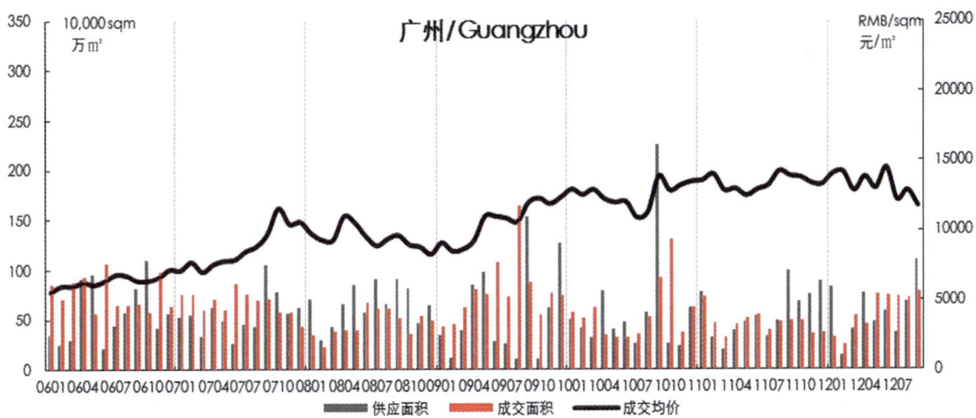
广州/Guangzhou
10,000 sqm
万㎡
RMB/sqm
元/㎡
350
300
250
200
150
100
50
0
25000
20000
15000
10000
5000
0
0601 0604 0607 0610 0701 0704 0707 0710 0801 0804 0807 0810 0901 0904 0907 0910 1001 1004 1007 1010 1101 1104 1107 1110 1201 1204 1207
供应面积
成交面积
成交均价

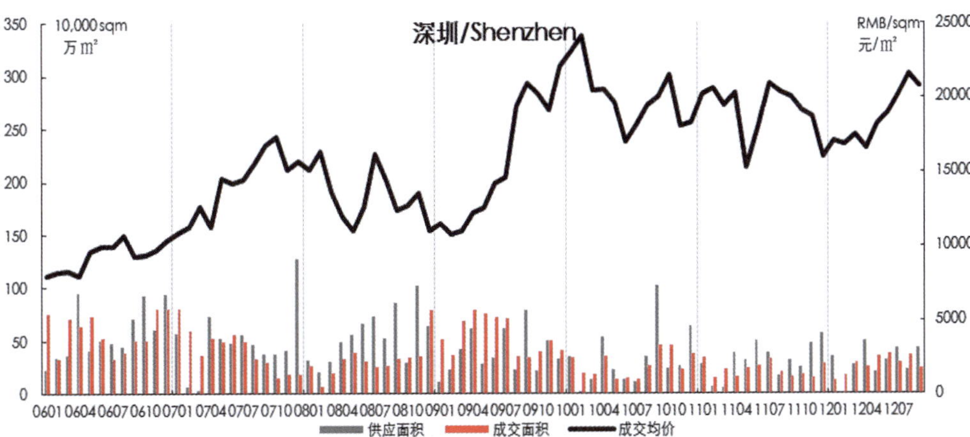
深圳/Shenzhen
10,000 sqm
万㎡
RMB/sqm
元/㎡
350
300
250
200
150
100
50
0
25000
20000
15000
10000
5000
0
0601 0604 0607 0610 0701 0704 0707 0710 0801 0804 0807 0810 0901 0904 0907 0910 1001 1004 1007 1010 1101 1104 1107 1110 1201 1204 1207
供应面积
成交面积
成交均价

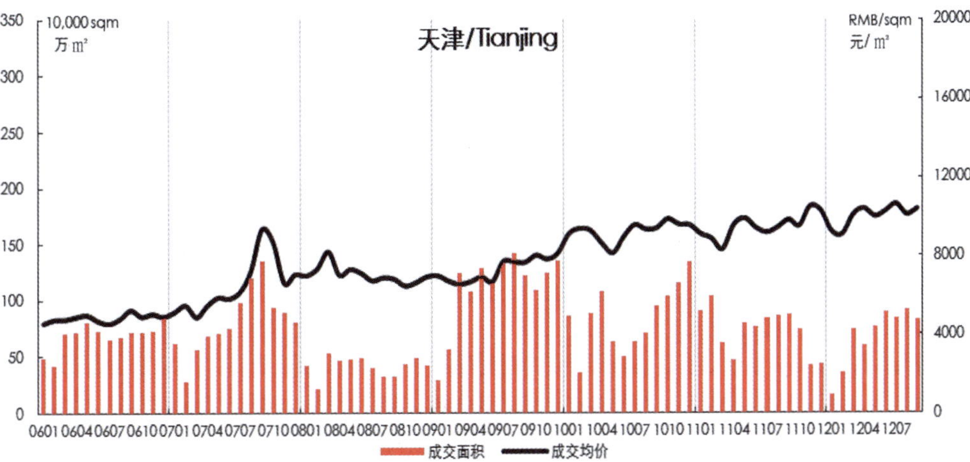
天津/Tianjing
10,000 sqm
万㎡
RMB/sqm
元/㎡
350
300
250
200
150
100
50
0
20000
16000
12000
8000
4000
0
0601 0604 0607 0610 0701 0704 0707 0710 0801 0804 0807 0810 0901 0904 0907 0910 1001 1004 1007 1010 1101 1104 1107 1110 1201 1204 1207
成交面积
成交均价

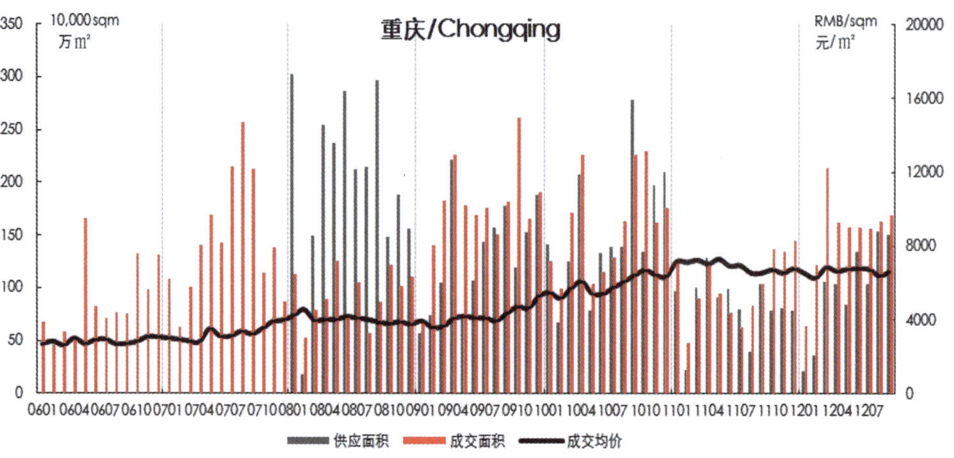

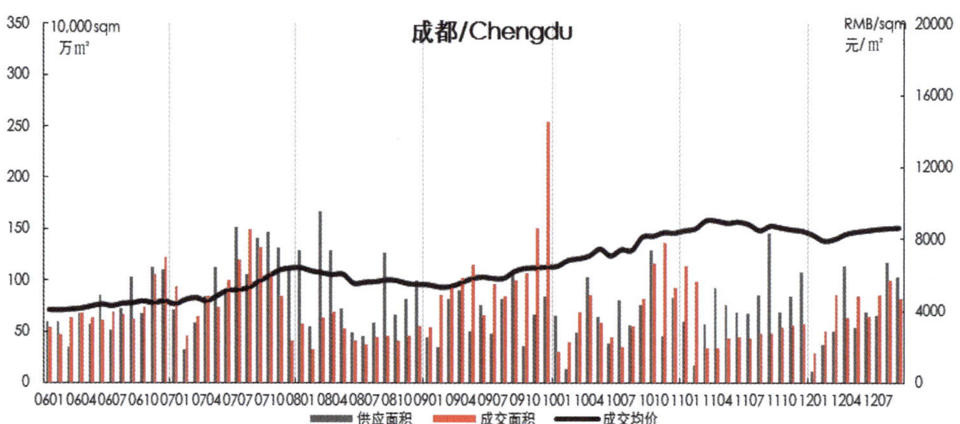

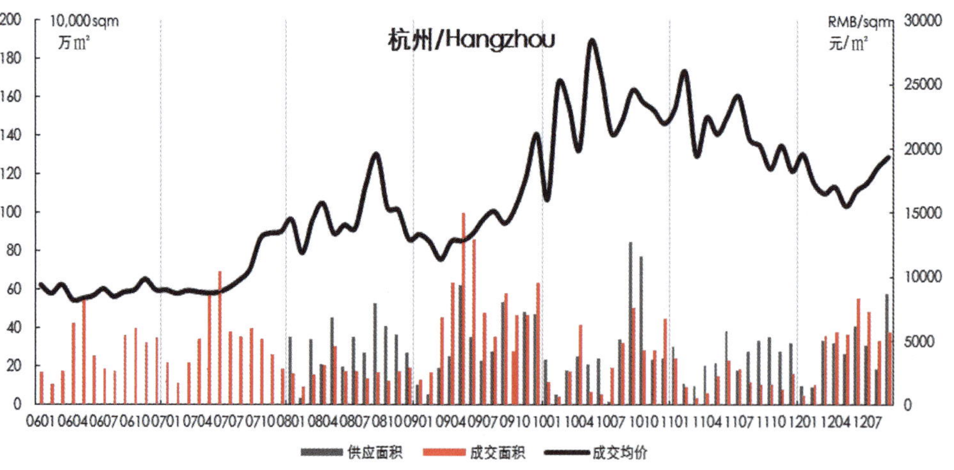

数据来源：各地房地产交易中心，中原集团研究中心

9.5 二手住宅市场

图 9-8 CLI 二手住宅价格指数（2004 年 5 月—2012 年 9 月）

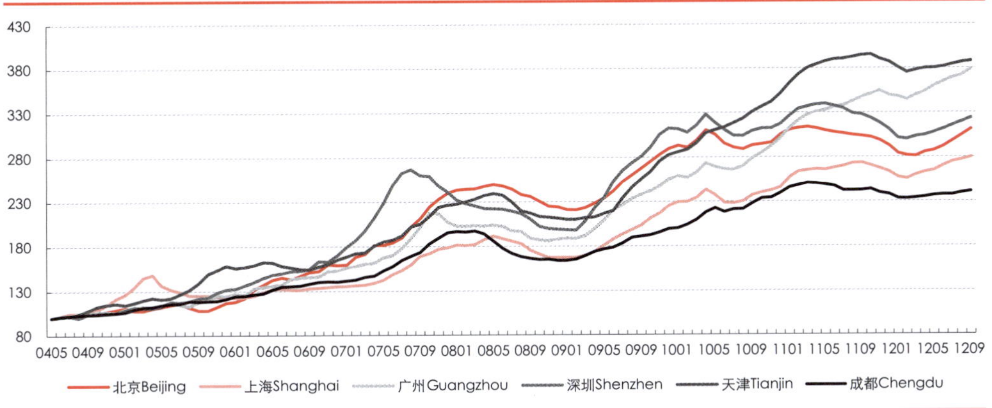

数据来源：中原集团研究中心

图 9-9CLI 二手住宅租金指数（2004 年 5 月—2012 年 9 月）

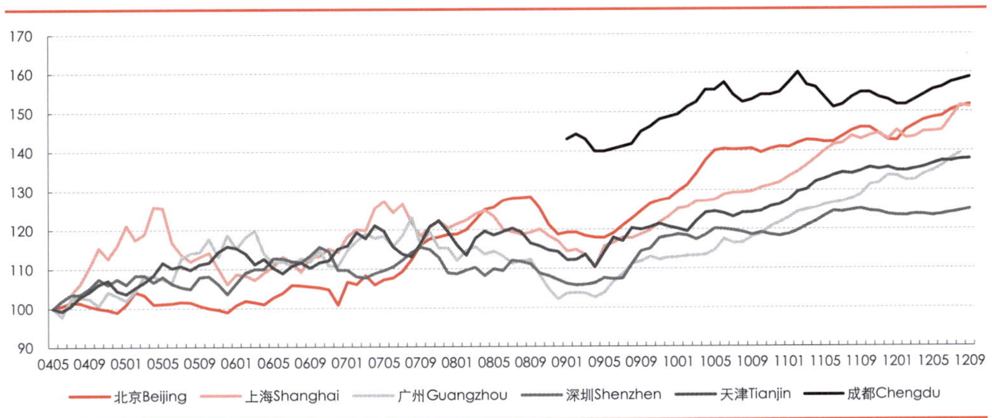

数据来源：中原集团研究中心

图 9-10 租金回报率（2004 年 5 月—2012 年 9 月）

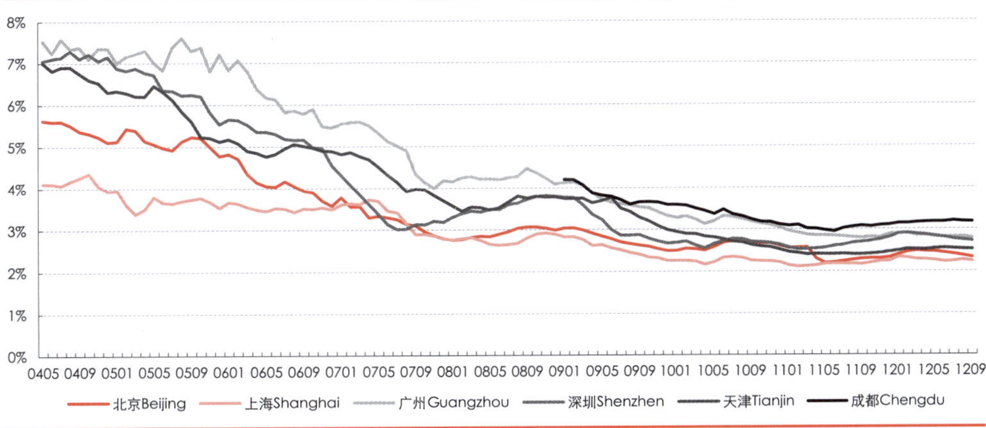

数据来源：中原集团研究中心

图 9-11 CLI 二手住宅报价指数（2009 年 1 月—2012 年 9 月）

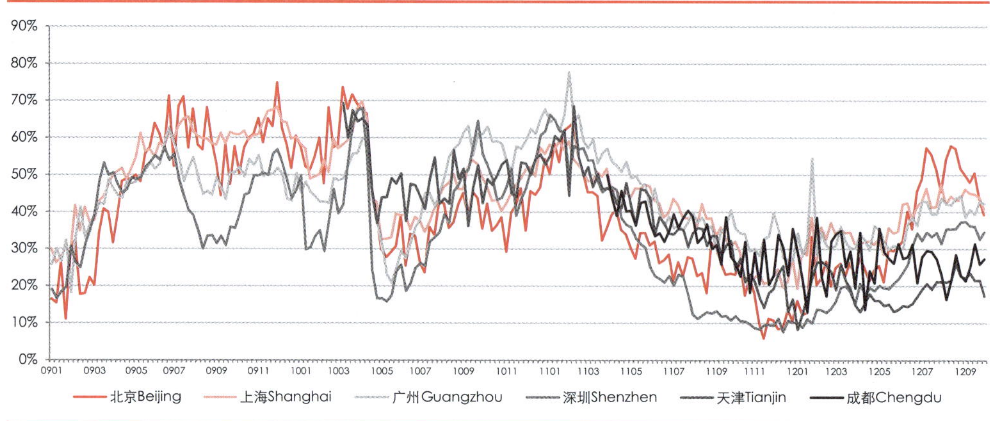

数据来源：中原集团研究中心

9.6 写字楼市场

图 9-12 7 大城市甲级写字楼租金指数（2008 年 1 月—2012 年 9 月）

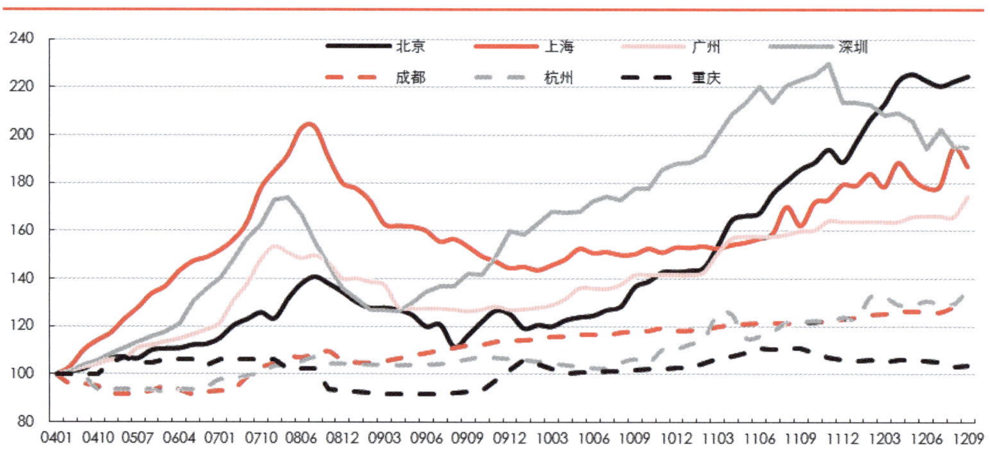

数据来源：中原集团研究中心

图 9-13 4 大城市准甲级写字楼租金指数（2008 年 1 月—2012 年 9 月）

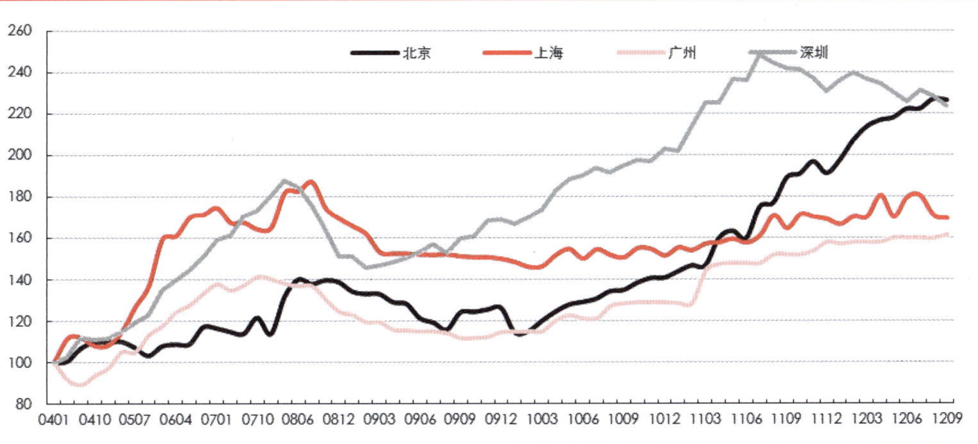

数据来源：中原集团研究中心

图 9-14 7 大城市甲级写字楼空置率（2009 年 1 月—2012 年 9 月）

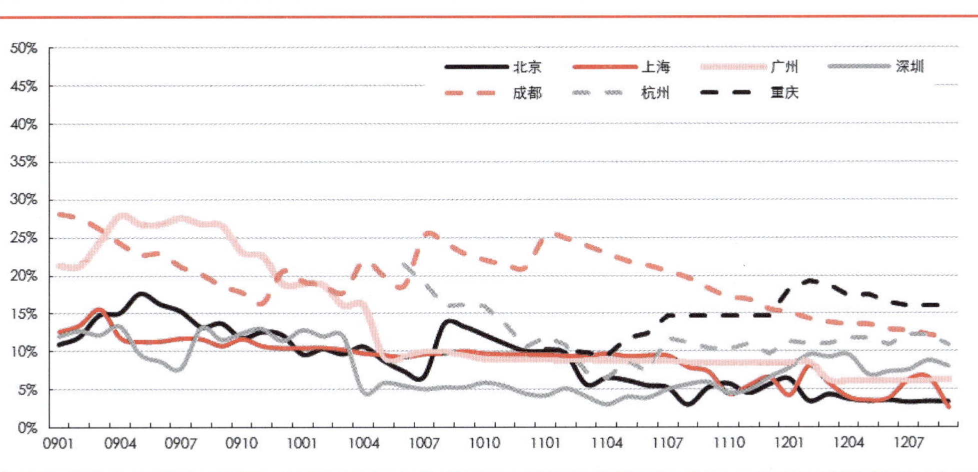

数据来源：中原集团研究中心

图 9-15 4 大城市准甲级写字楼空置率（2009 年 1 月—2012 年 9 月）

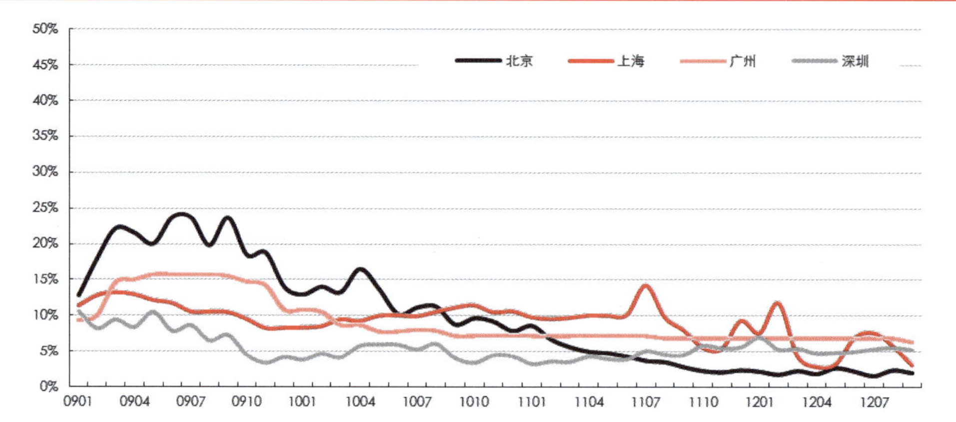

数据来源：中原集团研究中心

图 9-16 4 大城市写字楼供求情况（2009 年 1 月—2012 年 9 月）

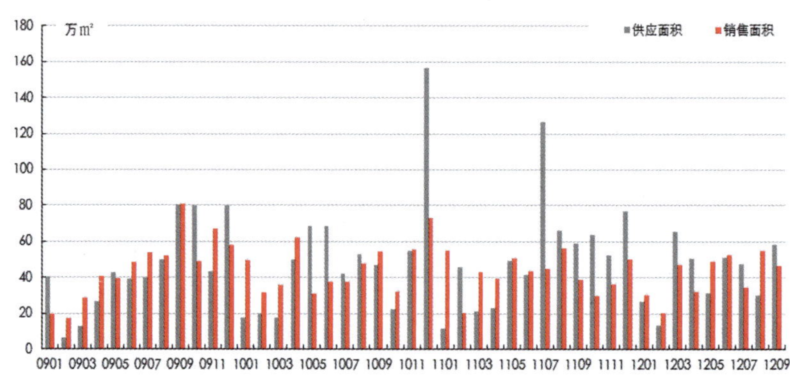

数据来源：中原集团研究中心

图 9-17 4 大城市写字楼销售价格（2009 年 1 月—2012 年 9 月）

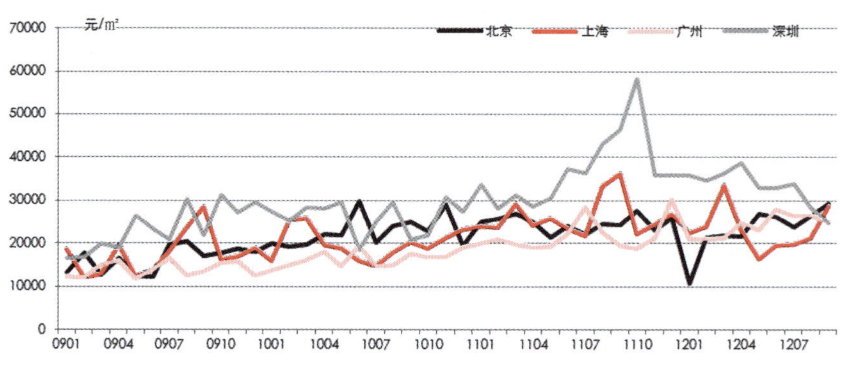

数据来源：中原集团研究中心

第 10 章 英文摘要 Executive Summary

10.1 A decade featured by control and gambling

A decade from 2003 witnessed continuous gambling between the central government and local governments on issues of real estate control. Such gambling was mainly reflected by its implementation in the side of local governments. The final effect of the control was determined by the strength of new policies coming in different regions, as well as the implementation situation of local governments.

Conclusions below can be drawn on the basis of analysis on the performances of both the central and local governments in the process of real estate control over years.

1. The effect of the control is related to the implementation strength of local governments. Severer policies and firmer enforcement leads to bigger steps and faster speed of market regulation.

2. Housing price trend plays an important role on the gambling between the central and local governments. When the market undergoes large degree of housing price increase or decrease, the more consistent performances of both the central and local governments can be observed. That means, the new policies can be firmly enforced and well implemented. On the other hand, when the market undergoes relative small degree of housing price fluctuation, the gambling between the central and local governments tends to be surged, giving rise to larger room for flexible operation.

3. Transaction volume has an impact on scale of adjustment of the control. Low transaction volume is the direct motivation for policy adjustment of local governments, and it determines the scale of such adjustment at the same time. Local governments would adjust the control to a greater extent when the transaction volume stays weak.

4. The aim of stabilization leads to cautious control. With housing-purchase restrictions, there is little room for market rebound, given that the existing policies have been firmly enforced. Therefore, there will be relatively little possibility for severer policies to come up.

10.2 2011-2012: Restriction dominated by administrative intervention.

From 2011 to 2012, real estate market in China has developed under an all-round restrictive environment. Transaction volume kept low and housing price decreased in different regions in the context of 46 cities restricting housing purchase, 120 cities restricting housing price, and the differentiated credit being implemented all over the country. The control over the real estate market has showed its effect gradually. At the same time, fine adjustment and secret ease against the control has been observed in more than 40 regions in China. With the recovery of real estate market, the fine adjustment towards control has basically come to a halt since the second half of 2012. Policies tended to be tightened up again.

We believe that under the guidance of 'rational return of housing price' it is still early to expect the purchase restriction to be eliminated. As long as the restriction remains in the future market, there would be really little chance for real estate market to rebound sharply. However, the real estate tax coming on stage in the future may offer the possibility of adjustment of the purchase restriction. Local governments should focus on telling apart the demands for housing improvement properly from speculative demands.

Figure 10-1 Chinese real estate policy route (2011.01—2012.08)

Policy route	46-city purchase restriction	120-city price restriction	Credit limit
Jan.28. 2011 The State Council The new "Eight Clauses"	2+41cities 41cities: Purchase restriction More severe 2 cites: purchase restriction retained	608+120 cities 608 cities: Announcements of the housing price target; 120 cities being monitored; growth of GDP or per capita disposable income for reference	Differentiated implementation Differentiated credit between the first and second housing purchases
July.14. 2011 The State Council The new "Five Clauses"	3cities Differentiated implementation; Adjustment and easing of the control Dalian Xiamen Tianjin	2+5 cities 2cities: Housing price under control Zengcheng Conghua 5cities: Housing price out of control Shenzhen Shaoguan etc.	Tightened-up credit lines Slowdown of approval process of loan for the first and second housing purchases, with higher interest rate
Dec. 2011 The central economic working conference			
1st quarter. 2012 The first suite unfreezing the credit	4cities Loosening purchase restriction directly Shanghai Chengdu Foshan Shijiazhuang	3 cities Aiming at the target Zhuhai Zhongshan zengcheng	Fine adjustment Deposit reserve rate cut down three times; interest rates cut down twice; Loose monetary policy
July 2012 Emergency Notice About Consolidating of the control of real estate market	5cities Firmer implementation of purchase restriction Beijing Shanghai etc.	3cities Raising the price restriction target again Beijing Shanghai Foshan	Tightening trend Tightened-up interest rate discount for first-time buyers
In 2012 the control to maintain stabilization	The central insisting on purchase restriction	Digital control gradually fading out	Credit Determining market trends

Source: Centaline Group Research Center

10.3 Activating long-term mechanism

10.3.1 Property tax: an irresistible trend but with cautious popularization

Recent years witnessed several waves of warm discussions regarding the property tax reform, which has direct impact on market expectations. However, overhasty expansion, even full popularization to the whole country, without sufficient experience and summary is dangerous. In the future, it will be an irresistible trend to levy property tax on inventory housing. Three problems involved should be dealt with. First, the purpose of the property tax is unclear; second, the justification and calculation for the tax need to be further discussed; third, it lacks systematic information to support the tax reform. Apart from improving specific rules and other supporting measures, the government has to identify the purpose of the property tax reform. Moreover, there should be more publicity to make people understand and approve of the tax reform.

10.3.2 Public housing: accelerated development with incomplete system

As an important part of this round of control, the development of public housing kept moving forward in 2012. As the statistics by housing ministry shows, from January to August there were 6.5 million units of newly started public housing projects around the country, with a housing start rate of 87%. 4.2 million units were completed, achieving 84% of the plan. The investment value reached 820 billion RMB. The above achievement depended on the efforts of both the central and local governments, as well as the innovation of financing channels. Besides, since 2011 the central and local governments have been promoting the public housing projects in various respects such as land, distribution, and termination, among which the most prominent work is the exploration of rent management with respect to public rental housing and low-rent housing. Such exploration can be characterized by following four aspects. First, coexistence of 'guidance rent' and 'fixed rent' in terms of rent setting; second, the rent of public housing being lower than the market rent as principle, half at a 10% discount and half at a 30% discount; third, a 'rent and subsidy separate' operation model ; four, housing supply in the free market being rationally introduced to the supply of public rental housing.

10.4 Benchmark Developers surviving the Accelerated Industry Reshuffles

In 2012, real estate market in China got walk out the bitter winter gradually, with an obvious recovery. Due to the positive factors such as improvement of liquidity and fine adjustment of policies by the local governments, the transaction volume appeared to keep speeding up in growth. Developers have made adjustments on some aspects such as housing supply strategy, products positioning, marketing strategy, etc. Benchmark developers performed steady in sales and outperformed the entire market in general. The good signs of the macro credit environment and the decrease in financing costs motivated the developers to raise money. Because of huge financial strength, large-scaled developers had advantage in the new round of industrial integration. Meanwhile, the flexibility of the developers facing the changes in market was enhanced. The phenomenon that the benchmark developers would like to sell more houses by sacrificing the price became scarce. The housing price was going up again. On the other side, we could expect a better performance of land market in the near future because of the firm support in land supply by the governments and the improvement of land supply strategy. To the powerful developers there is still opportunity for expansion by purchasing lands.

10.4.1 Steady Increase in Sales, Better Performance in Transaction Volume with Lower Price

From January to August this year, benchmark developers had good sales performance. There was a tendency that the sales volume rose month by month. The contract sales amount of the ten biggest benchmark developers is around RMB 408 billion with a year-on-year increase by 14%. Among these developers, CMPD and CR Land grow fastest. The growth rates were 56% and 54% respectively. Only two developers slightly decreased in sales amounts. They are Evergrande and Agile. The decrease rates are about 16% and 8% respectively. Since those benchmark developers made conservative sales targets at the beginning of this year, the results were in line with their expectations. The sales amount of COLI was RMB 67.8 billion, finishing its sales target in advance.

Figure10-2 Monthly Sales Volume of benchmarking developers (2009.01—2012.08)

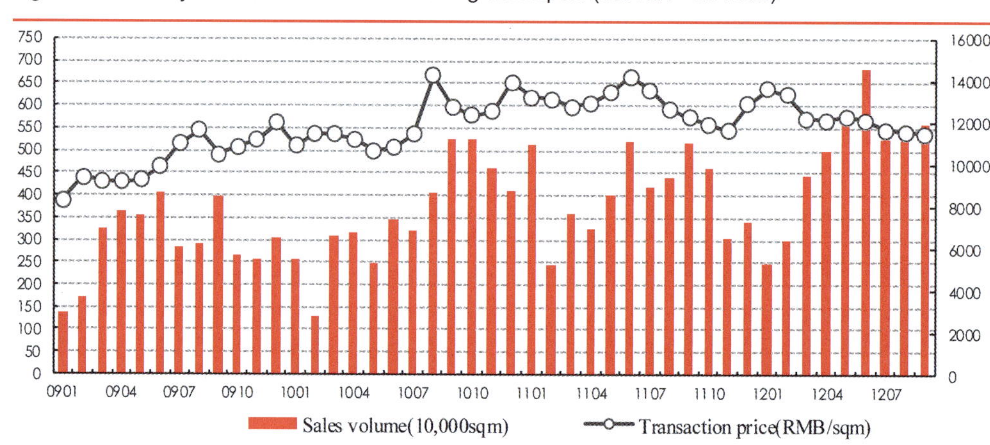

Source: Centaline Industry Monitor, Centaline Group Research Center

10.4.2 Better Credit Environment, Lower Financing Costs

Real estate industry works as a capital-intensive industry. Especially the domestic developers rely on external financing to a great extent. The domestic financing environment has been tightened up since April 2012 with the new round of control, which limited the development of the real estate industry. With the decrease in fund reserve rate and interest rate, the credit environment is turning better this year. The year-on-year accumulative growth rate of new loans has been switched from negative to positive in consecutive 3 months. By the end of August 2012, the total amount of new loans has reached RMB 6097.6 billion with a year-on-year increase by 17%.

10.4.3 Changing Competition Patterns, Accelerated Industry Reshuffles

The nationwide accumulative sales amount was RMB 3401.11 billion with a 2% year-on-year increase in the former 5 months in 2012. The sales amount of benchmark developers increased by 14% compared to the same period of last year. The market shares of the benchmark developers expanded rapidly, with an increase from 7% to 9% from 2008 to 2011, and a quicker raise from 9% to 12% from the end of 2011 to the first half of 2012, reflecting a trend of Industrial integration. Among the developers, Vanke, Evergrande and COLI ranked top three on the shares list.

The two-year control in real estate industry limited the development of the industry. Chinese real estate market has been forced to go through a new recession period. There were also some changes in terms of the industry environment and competition patterns.

10.4.4 Less Willingness in Land Purchase, Cautious in Land Reserve

From the beginning of this year, the land market has been trapped in a difficult situation. Both supply and demand decreased. Due to the implements of "Purchase Restriction" and "Mortgage Limit" Policies, developers showed no confidence to the future market. Under this circumstance, the willingness of these developers in land purchase sharply decreased. According to the supervision and investigation of Centaline Group Research Center, the amount of equity land purchase of the top 10 benchmark developers was RMB 48.4 billion from January to August 2012 with a 45% year-on-year decrease. When comparing land purchase and housing sales of the developers, it is found that the ratio of equity land purchase amount and sales amount was only 12%, which was the minimum value since 2007.

Figure10-3 Land purchase and sales of benchmark developers (2009 to First eight months of 2012)

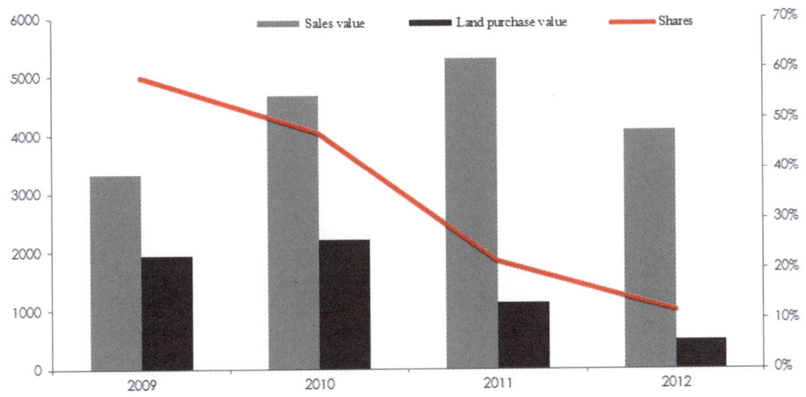

Source: Centaline Industry Monitor, Centaline Group Research Center

10.5 Land Market Low Supply and Demand, Expectation for Balance and Health

Since 2011, the land market in the major cities in China has stayed weak. Developers were not willing to purchase lands due to lack of capital. The land supply of the major cities in the first half of 2012 was in the low level compared to the same period of the past 5 years. In this context, the central government cut down the national land supply for residential development in July 2012. The recession of the land market mainly resulted from the two-year long macro control. However, both the recovery of the housing market from this March and the slight decline of the land price have brought developers back to the land market. The land market experienced a turnaround with the emergence of new 'land king' (which means the land at the highest transaction price) in Guangzhou in June, as well as the increasing number of successful high-premium transactions in July and August in different cities. However, the high failure rate of land auction indicated that the market will advance at a limited speed.

10.5.1 Demand Keeping Low Purchase Remaining Prudent

From January to August 2012, the transaction volume of land for residential and commercial development in the 13 major cities decreased by 32% and 33% respectively, compared to the same period 2011, with a year-on-year decline of the sales price by 37%. Meanwhile, the land supply decreased by 27% and 17% respectively. More specifically, the land supply for residential fell by almost 40%, compared to the same period of past 5 years.

Figure 10-4 Supply of Transacted Land in 13 Cities

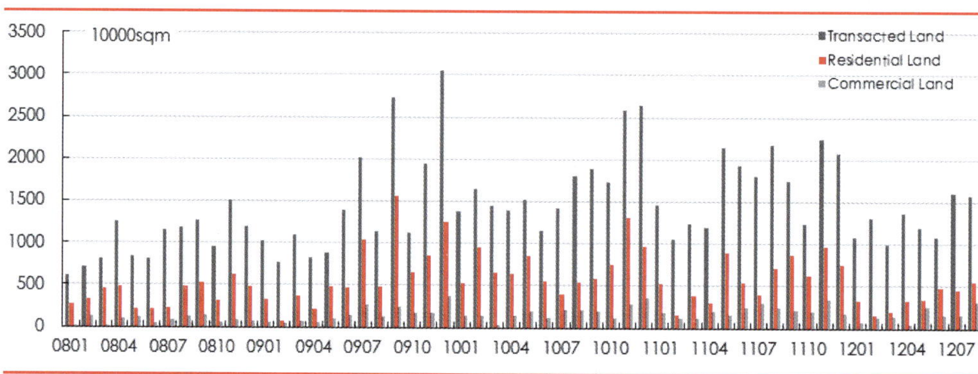

Source: Centaline Industry Monitor, Centaline Group Research Center

Figure10-5 Sales Volume of Transacted Land in 13 Cities

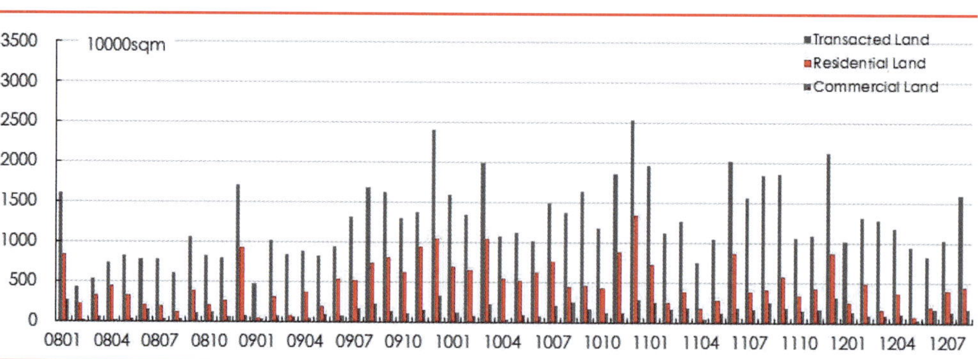

Source: Centaline Industry Monitor, Centaline Group Research Center

The governments had to cut down the land supply since developers showed little willingness to purchase and the failure rate in auction stayed high. Meanwhile, the governments also took some measures to reduce the negative impact of such high failure rate on the market. The detailed measures included 'pre-sale' schemes and the adjustment of annual supply target.

The recovery of housing market from this March, the reduction of land price, and the increasing supply in July and August (still at the low level compared to previous years) stimulated the developers back to the land market, but with a cautious attitude, since the failure rate in auction was still high.

10.5.2 Price going down with fluctuation, Market Coming into Recovery

The recovery of primary housing market from the March 2012 and its good performance during the dull season (July and August) pulled some of the developers out of the financing difficulties. Most developers changed their views on the future market, since they saw no more new policies coming on stage, and they gradually paid more attention to the land market, especially to those prime lands. After the emergence of the first 'land king' in Guangzhou in June 2012, 'land kings' in Beijing and Tianjin also followed up. The land price increased considerably. Since this April, the average premium rate in the 13 major cities has been going up with fluctuation. The number of premium land kept rising. In August 2012 more than 30% of the land transactions were at a premium.

The above facts indicated that the developers' willingness of land purchasing grew gradually. Meanwhile, the supply of low-price and prime lands activated the land market. The reverse price of part of lands was reduced by about 10% to 30%, to attract the developers who try to catch the bottom of the market. In addition, the lands on quite good location can also attract the developers with sufficient capital to increase their land reserves.

10.5.3 Challenge and Opportunity Coexisting Future Market Turning Steady

Despite of the sign of market recovery, the whole land market was still far away from warmed-up. Although the premium rate increased and 'land kings' kept showing up, the failure rate in auction was also high. Entering the second half of 2012, local governments speeded up land supply to achieve the target. By now, the macro control was only limited in the firm implementation of the existing policies, without further tightening measures. With the recovery of housing market, the relatively low land price will attract the developers with sufficient capital to pour into the market.

At present, the strategy of 'more land sales at lower price' worked effectively. However, the high failure rate in auction reflected that the developers still took a cautious attitude, especially towards those non-prime lands. The future market was expected to be steady. The price of some previously overheating lands or suburban lands without enough supporting facilities would decline, while the price of prime lands on ideal location is likely to rise. According to the land transaction situation in July and August, the 'land king' projects have attracted a lot of attention after getting into the market. Developers showed plenty of enthusiasm on those lands. However, the market will keep steady as a whole and developers will keep cautious in expanding land reserves.

10.6 Rebound from bottom, outlook sees cautiously optimistic

The new round of macro control since April 2010 has lasted for two years. Combined with policies such as "purchase restriction" and "mortgage limit", the growth of real estate market slowed down remarkably in the past two years, even reaching its historically lowest level. Some major cities experienced a dramatic decrease in sales volume. Rigid demand for living then dominated the housing market. At the same time, high housing price returned rational, reflecting the effectiveness of the control. However, when the government was about to consolidate the achievement of the control, the new round of economic crisis broke out. It is really a

Because of the inner-correlation of the real estate industry, its development has a great influence on many up- and downstream partner industries and domestic consumption as well. Though the central government declared that they would insist on the control, in practice, policies like credit easing and fine adjustment by local governments have overall replaced the previous tightened-up policies. With the increase in sales volume by cutting down housing price previously, customers changed their expectation for the future market to some extent. As a result, we saw a rebound of the market in the first half of 2012.

In January and February 2012, the transaction volume dropped to a low level. However, after March, although the "purchase restriction" and "mortgage limit" policies remained, the credit policies turned quite flexible, which has significant impact on the real estate market. The sales volume rebounded rapidly since March. The growth of housing supply in the first half of 2012 decreased considerably. Especially in the cities such as Beijing, Shenzhen, Chongqing, and Xiamen the over-demand situation was quite obvious.

Figure 10-6 Transaction Volume of Residential Housing in 30 Big and Medium Cities (Jan, 2009—Sep, 2012)

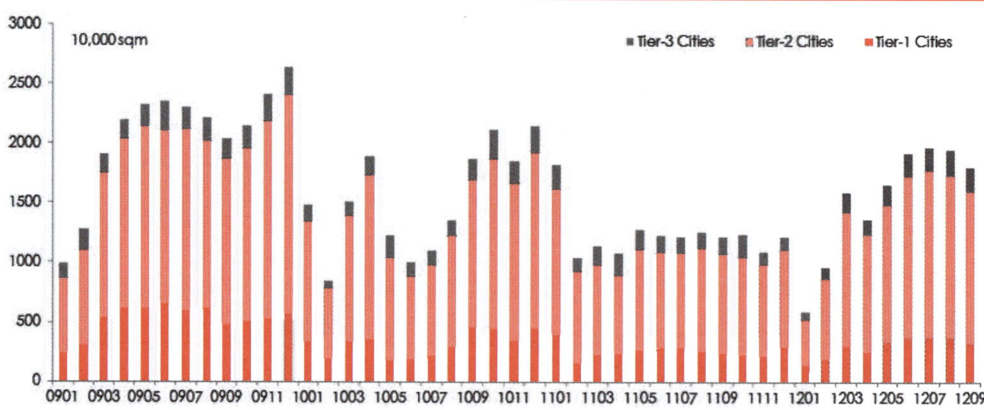

Source: Centaline Property Research Center

Figure 10-7 Supply and Demand of Residential Housing in 12 Big and Medium Cities

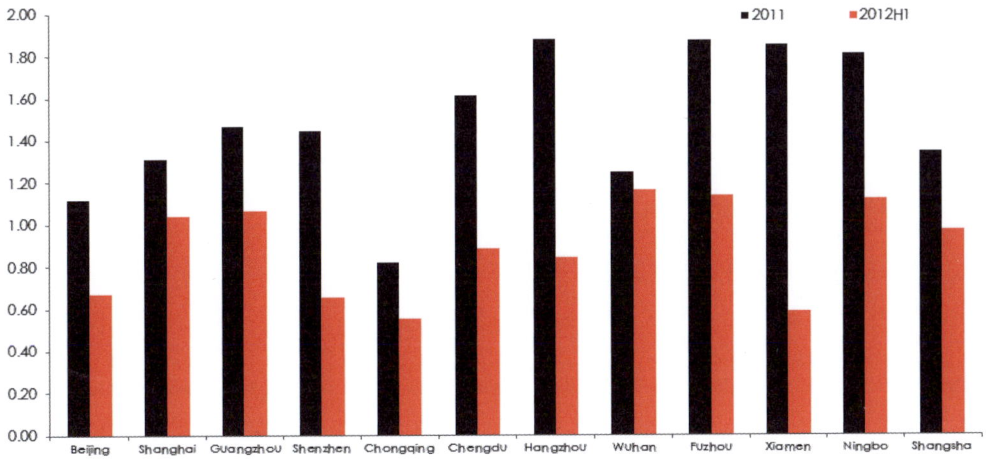

2011
2012H1
2.00
1.80
1.60
1.40
1.20
1.00
0.80
0.60
0.40
0.20
0.00
Beijing
Shanghai
Guangzhou
Shenzhen
Chongqing
Chengdu
Hangzhou
Wuhan
Fuzhou
Xiamen
Ningbo
Shangsha

Source: Centaline Property Research Center

With the increase of the transaction volume, there are some new features of primary housing market in some major cities under the present market environment. These characteristics are presented by city differences, product types, sales rate, etc. The performance of Tier-1 and Tier-2 cities was much better than Tier-3 and Tier-4 cities in terms of transaction volume. The proportion of medium- and small-sized houses (one- or two-room houses) decreased a lot in total transaction amount. This means that buyers tend to have increasing demand for housing improvement. The overall sales rate was still at a low level, but the popular housing projects had distinct features.

Though the recent housing transaction market seemed in good condition, the area of inventory housing was still huge. It normally took 8 to 10 months to sell out these inventories. The growth of developers' new construction area and investment amount has slowed down.

Figure 10-8 Inventory Digestion Time of Residential Housing in 9 Big and Medium Cities (June, 2012)

14
12
10
8
6
4
2
0
Shanghai
Beijing
Shenzhen
Guangzhou
Hangzhou
Suzhou
Hefei
Nanchang
Huizhou

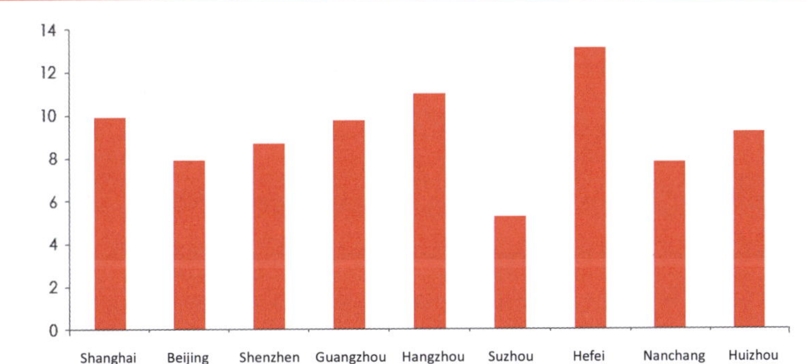

Source: Centaline Property Research Center

The real estate market is gradually recovering. The policy would keep steady in the near future. There won't be big changes in the market. Policies of "purchase restriction" and "mortgage limit" will still be firmly enforced. It is expected that the transaction volume would keep stable in the second half of 2012, influenced by supply driving and policy easing, and the total transaction volume in the second half of 2012 would exceed the first half.

10.7 Secondary Housing Market going zigzag up while slowing down

In the recent 10 years, the commercial housing market in China has developed rapidly under the policy liberalization and trading standardization. The secondary housing market has expanded in some of the major tier-1 and tier-2 cities. However, affected by the macro control, the secondary housing market experienced slowdown from 2010 to 2012, with significant drop of transaction volume. Owing to the scarcity of land supply in the major cities, especially in the inner city areas, very few new houses are available for sale in the market. The secondary housing has become an optimal option for the customers because of its advantages on location and supporting facilities. The domestic secondary housing market proves a promising market, despite of its immaturity compared to the developed markets.

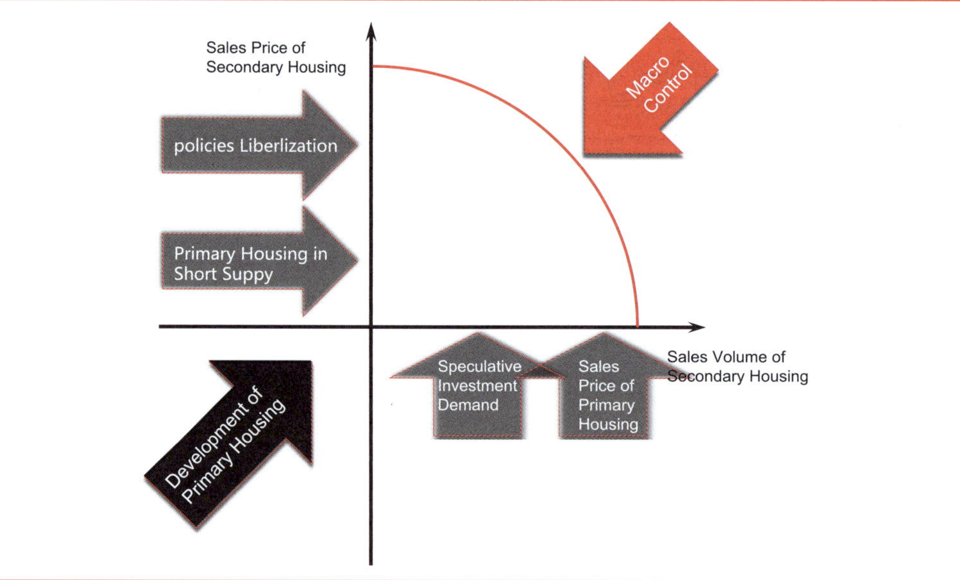

10.7.1 Fast Development on Secondary Housing with regulation clarification

Since the real estate reform has started in 1998, real estate market has been growing rapidly. Meanwhile, secondary housing market also gradually developed and moved towards maturity. The transaction volume and the proportion of secondary housing in overall housing market have increased significantly since 2004 with the trading standardization and the great quantity of new housing put into the market. Meanwhile, the price of secondary housing has also risen sharply.

Figure 10-9 CLI Secondary Housing Price Index in Six Cites（May 2004 to July 2012）

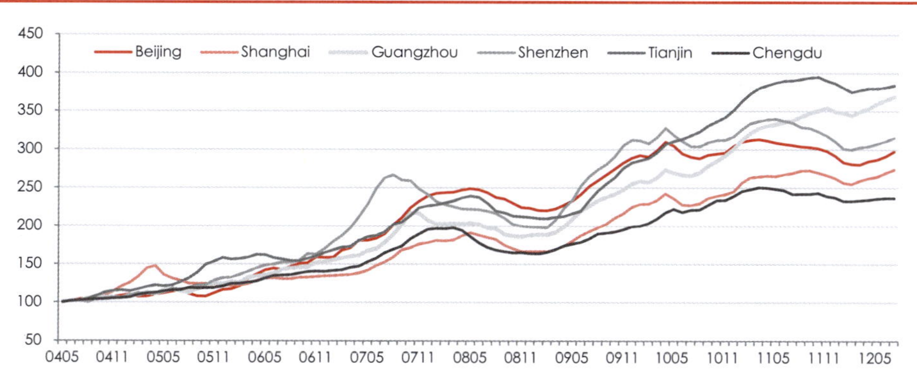

10.7.2 Slowdown of secondary market under tightened policies

Affected by the macro control, the transaction volume of both the primary and secondary housing has experienced downturn since 2010. Due to nationwide "purchase restriction" policies, most owners were reluctant to sell their houses. Therefore, the proportions and circulation rate of secondary housing dropped in 2011, especially in Beijing, Guangzhou and Shenzhen.

10.7.3 Rational Secondary Housing Market with Wide Development Space

The main indicators of the real estate development stage and maturity are the proportion of secondary housing in overall housing market and the housing circulating rate. Compared with Hongkong, the proportion and the housing circulating rate in domestic cities are still in a low level. The domestic secondary housing market proves a promising market since the primary housing supplies are in short.

Table 10-1 Proportions of the Secondary Housing Transaction Volume in Five Cities (1999—2012H1)

City	1999	2005	2009	2010	2011	2012H1
Beijing	7.4%	29.3%	50.0%	64.4%	56.4%	50.1%
Shanghai	21.3%	46.8%	48.6%	43.9%	45.4%	48.6%
Guangzhou	20.0%	40.0%	50.2%	56.0%	51.4%	37.0%
Shenzhen	20.0%	46.7%	65.0%	73.6%	65.6%	52.0%
Tianjin	6.0%	20.0%	39.8%	34.8%	29.1%	34.4%

Source: Centaline Group Research Center

Figure 10-10 Housing Stock and Circulation Rate of Secondary Housing in Five Big Cities and Hong Kong (2011)

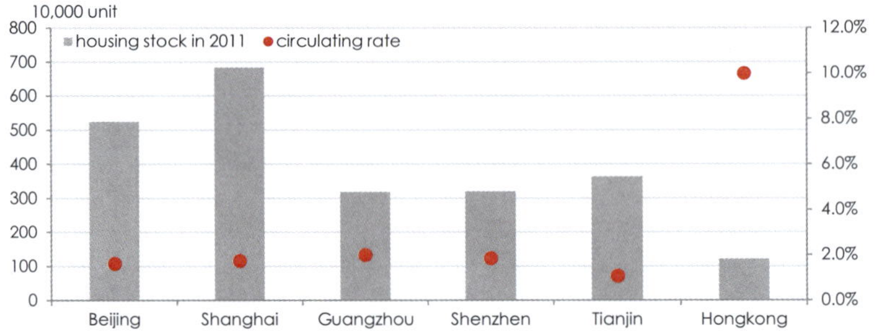

Source: Centaline Group Research Center

10.8 Market Returning Steady, Not Ready for Warming up

If 2011 was described as a hot year for the office market, then the year 2012 was undoubtedly a dull year. In the first half of 2012, land market, construction market, sales market, and leasing market, all showed significant changes. "Dull" was therefore the keyword of the office market in the first half of 2012. Although the short-term office market would continue to consolidate, from the current level of vacant rate and rent return rate, office rents still have space for further growth. As China's economy has gradually stabilized, and policies for structure adjustment have come into effect, the prospect of office market remains bright.

Affected by China's rapid slowdown of economy and overheating growth of rents in 2011, office rents increased slowly in the major cities in January-August 2012, the average rents rose by 3%, well below the growth rate of 14 % in last year. Overall, the cities with outstanding performances were Beijing, Hangzhou, and Chengdu. The office rents in these three cities rose in the first half of the year at the level of 18%, 4%, and 8% respectively, more than the half of rent growth in last year. The cities with poor performance were Shanghai, Guangzhou, Shenzhen, and Chongqing. The rent in Shanghai and Guangzhou went up by only 3% and 1%; Shenzhen and Chongqing had even a decrease by 9% and 3%.

Figure 10-11 Class A Office Rent Index in Seven Big Cities (Jan. 2008 to Sep. 2012)

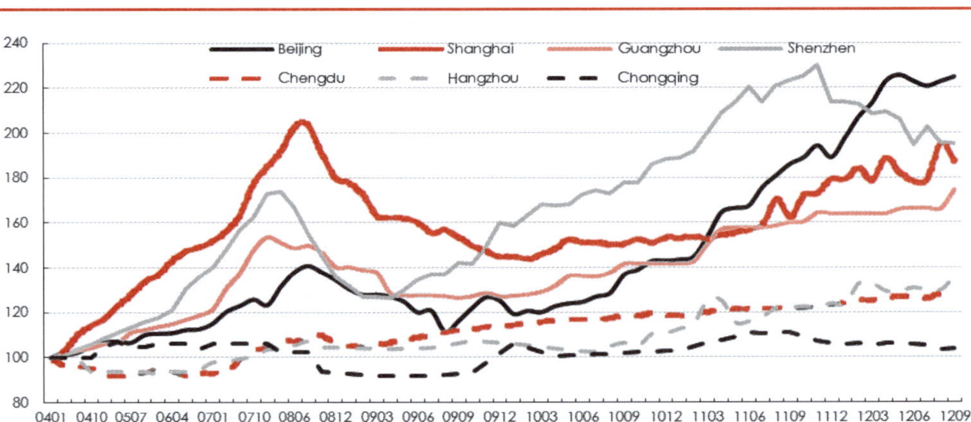

Source: Centaline Group Research Center

In terms of sales volume in the national office market, from the second half of 2011, the sales growth for office space fell remarkably, even with a negative growth in January and February 2012. From March to July, there was a rebound on a year-on-year basis, but the overall rent growth was still at the low level. From January to July 2012, the national office sales area increased by 12.2% on a year-on-year basis, but still significantly higher than the growth rate of -6.6% of residential sales area.

Figure 10-12 Office Transaction Volume and New Supply in Seven Big Cities (Jan. 2009 to Sep. 2012)

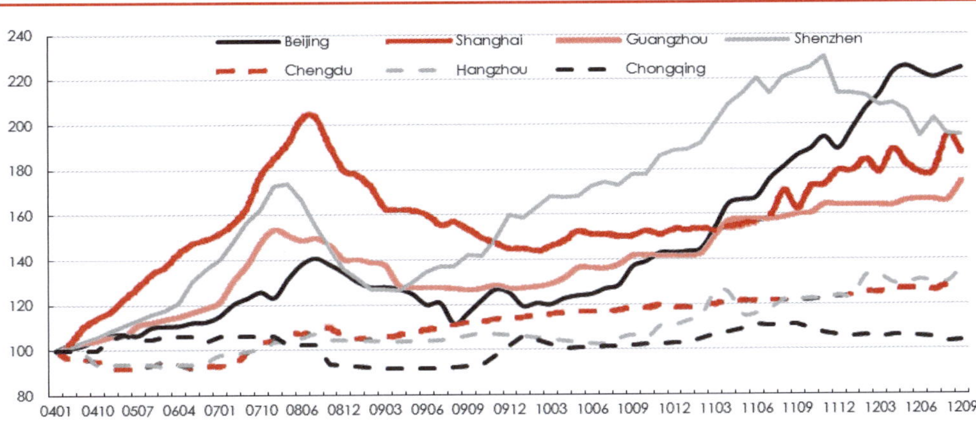

Source：Centaline Group Research Centre

Given the slower pace of sales, the commencement and completion rate of office projects was also slowing down. From January to July 2012, the office area of new started projects was 32.26 million square meters, with a year-on-year increase of 2.5%; the completed office area was 8.236 million square meters, with a slight year-on-year decrease of 1.5%. Office construction speed finally fell from the high level.

Nowadays, the office market is facing the following negative factors: First, the economy is still on the bottom and its future remains unclear; second, the supply gradually increases, while the demand still lacks; third, the recovery of residential market make part of capital diverted; four, the office market itself requires adjustment because of the fast growth in 2011. Therefore, the office market in the short term will continue the consolidation trend in the first half of 2012, and it will remain tepid in the second half of the year.

The office market, however, will not be silent forever. There are still some positive factors observed. Given the current level of vacant rate and return rate, the rents still have space for going up. The return rate of office investment in the current situation is still high. As China's economy has gradually stabilized, policies for structure adjustment have been put forward, the growth of the tertiary industry will significantly speed up, and the demand for office space will also increase. The future of the office market remains bright.

综合

中原集团

中原集团

一、集团简介

中原集团创立于 1978 年，是一家以房地产代理业务为主，涉足物业管理、测量估价、按揭代理、资产管理等多个领域的大型综合性企业，旗下拥有旗舰品牌中原地产，及利嘉阁地产、宝原地产、信誉家、森拓普、利尊等多家子公司及附属品牌，是房地产代理行业及相关服务领域的先行者和市场引领者。同时，敢于大胆尝试，努力开创全方位多元化服务的中原集团，其业务范围还涉及投资移民、人事顾问、数据整合及软件开发等多个领域。

中原发展历程图

1978	1981	1984	1986	1988	1990	1993	1994	1995	1996	1997	1998
诞生于香港	开设第一间地铺	以企业形式开展业务、报酬及培训制度确立	举办公开研讨会体现社会功能	首次获发展商委托一手名声打响	中原精英会成立首次涉足内地市场	上海开出第一间合资公司	中原测量师行广州北京开设合资公司	正式成立中国部负责内地业务	中原网页面世 北京成立物业管理部，业务涉足物管	深圳开设合资公司 香港推出中原城市指数中原按揭经纪公司	内地业务强劲 成立中原（中国）物业顾问有限公司

2000	2001	2002	2003	2004	2005	2006	2007	2008	2009	2010	2011
中原(中国)业绩突破重庆大连开设分公司	收购利嘉阁 内地员工人数超1000	内地再开分公司浙江、沈阳、四川	副品牌中原豪宅 内地二手地铺破百 再开设山东、中山、佛山	副品牌中原工商铺 中原豪宅进军澳门、东莞、长春、河南	研究中心发布中原领先指数 中视网成立 河北、湖北设立分公司	员工突破1万，分公司22间，地铺办公室逾500间 红皮书面世 中原训练学院成立	黎明楷升为副主席 成立第二品牌一深圳誉家、上海宝原	中原地产成立30周年，香港中原推出“谂多一步、做多一步”的口号 金融危机全面收缩	利嘉阁子品牌利尊地产成立 黎明楷升任集团总裁 中原地产统一品牌，集团重组为五大板块	海口、台北公司成立	黎明楷升任集团主席 进军新加坡，布局华语区 于35城市设立公司，员工逾35000，地铺逾1600间

中原集团

中原集团立足香港，以服务中国内地、香港及澳门 3 地的房地产市场为业务发展核心，经过 30 余年发展，已经在 39 个城市成立分公司，业务幅射至全国过百城市，聘任员工逾 30000 人，跨地域分店总数逾 1700 间，是目前房地产代理行业内最具规模的企业之一。近年业务更拓展至台北及新加坡市场，逐步扩大在华语区的布局。

依托香港背景，秉承“无为而治”的管理理念，中原集团旗下主打品牌中原地产不仅在香港独占鳌头，内地业务更是节节攀升，自 1990 年初进入内地市场以来，凭借在香港的成功经验和模式，采用顺势而为的灵活应变策略，中原地产已在内地近 30 个主要城市完成网点布局，并迅速实现本土化融合，在各地市场占据重要位置。同时，中原地产以专业、诚信的品牌形象在市场上赢得良好口碑，成为房地产代理行业内的成功典范和标杆。2001 年，中原集团继续加快发展步伐，在美国 911 事件的大背景之下，大胆进取，全面收购香港排名第 3 的地产公司利嘉阁，令集团整体格局和市场部署更趋完善。

中原集团拥有强大的网络资源优势和品牌资源互补优势，不断延展的市场布局和不断拓宽的业务范围，令中原集团在资源储备及调配使用方面具备非凡能力，中原集团集房地产代理业务及相关综合性业务于一体，能有效提供一体化服务，不同业务类型间资源互动，令中原集团更具有无可比拟的优越性。近年来中原集团更在其主营业务房地产代理方面不断刷新纪录，创下市场奇迹，成为真正的强者。

中原布局图

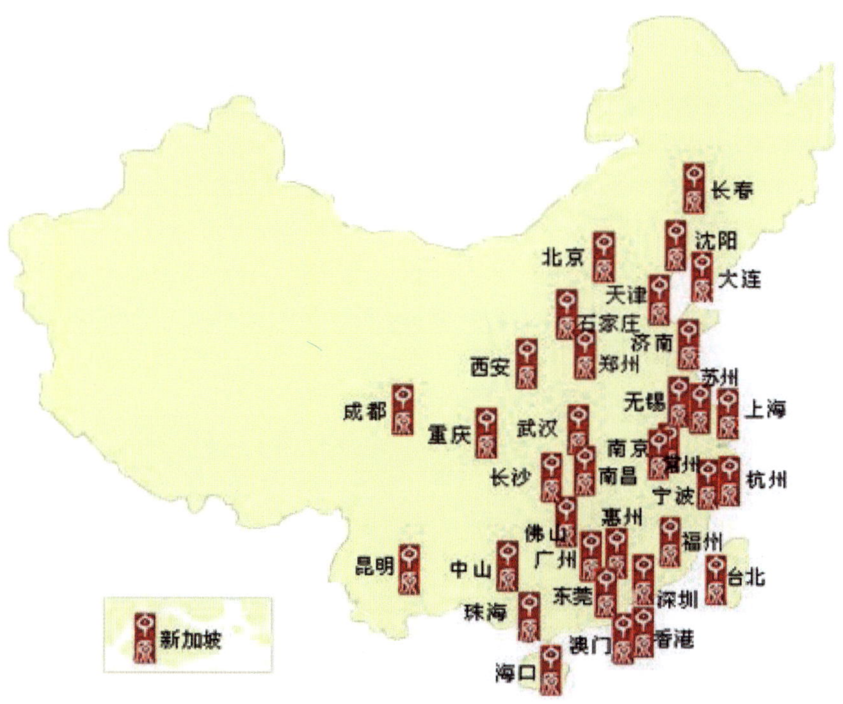

中原集团重视企业的行业责任和社会责任，坚守行业准则，坚持以正确方法引领行业规范发展，并设立专业研究机构，向市场提供客观真实的第一手信息，在政府决策过程中提供有效参考依据，为行业及社会做出自己的贡献。中原集团更主张来源于社会，服务于社会，长期积极参与社会公益事业和慈善活动，旗下分公司成立的中原爱心社、精英会等组织多年来通过各种方式，以实际行动回馈社会。为更好地推动慈善事业，中原集团更于 2004 年在香港设立中原慈善基金，致力于扶贫及协助教育工作。

二、企业理念及管理文化

（一）中原文化起源

1. 道法自然

道即无为，这是老子思想中影响最为深远的一个概念，也是道家的传统核心概念。 世界万物依靠自身力量而达到平衡与和谐，这是天地万物运行的法则，体现出真正的大智慧。

老子又提出“道”的另一个概念，即“柔弱胜刚强”，以“海纳百川，其善下之”的比喻做出解释，因海处的地位最低，水才都流了进去。因此，天下间最厉害的是柔弱，引申而言便是谦卑与包容。这亦是用人之道，“善用人者为之下”，用人的人愿意处于一个低下的位置，以谦卑的心态对待周围的人，才能发挥出更强大的力量。

2. 中原文化的管理氛围

■ 自组织发展氛围

以浓厚的国学及老子思想体系形成的中国式自组织发展氛围，是中原管理文化的基石。

■ 森林式战略结构氛围

森林式的战略结构，规避巨木自身的局限，各自独立生存，将中原的基因最大限度的扩散，同时进化演变，成为最具抗风险能力的企业。而每一个生命体之间的合作皆以自身利益为出发点。

■ 无为而治的管理氛围

无为并不是不作为，正因上层的无为才创造了下层的各种无所不为，中原以无为的管理理念，平衡管理者的思维，提倡高层无为，下层便有为，让更多人的自由意志得到舒展，让每个同事在社会价值链中得到满足感，从而带动行业发展，让社会更加和谐。

无为的基础是在高透明度的环境中进行，中原高层会利用各种方式将公司的道向告诉每一位同事乃止社会。

■ 自强不息的工作氛围

无为而治的基础是《易经》所讲“天行健，君子自强不息”，在无为的氛围中，中原的每个成员为实现自我发展，自立自强，上下一心，形成天道和自我意志形成无以伦比的自发凝聚力，这是被动的凝聚和要求团结无法比拟的。

■ 肯定并尊重“人” 的人文氛围

“道大、天大、地大、人亦大，域中有四大，而人居其一焉” 肯定人于天地万物间的特殊性，人虽为万物之灵，皆以“道”为生存之基础，所谓“人法地、地法天、天法道、道法自然”，在道的管理之下，管理者以人为本，激发下属潜能。

■ 利益共享 成果共分的平等氛围

中原的普通劳动者与股东一样重要，实行 1/3 vs 1/3vs 1/3 概念，劳动成果共享，报酬制度透明化，且实行创业者利益多于守业者的分配比例，同时补充以晋升制度透明，信息有效流通、释放自主空间，给予员工充分的工作满足感及个人成就感。

3. 中原的价值观

- 核心价值观

我们追求盈利，通过提高盈利保证我们的生存发展

我们超越行家，确立行业地位改善我们的生存氛围

我们推崇团队，追逐在阳光的团队中得到生存的快乐；

- 生存价值观

我们自承一个生命体，我们的起点基于生存，我们以坚强的求生意志，努力在市场获取最大的资源，让自我能够在任何环境下，任何危险下，找到自己的生存之路。

- 繁殖价值观

我们不做市场的巨木，立志成为行业的森林，我们将我们的基因传播在每棵独立的树上，努力提高我们的抗风险意识，我们不追求卓越，只需做到比对手稍好，用最小的资源消耗赢得长久的发展空间。

- 扩展价值观

面向股东：

我们努力创造盈利，顺应市场、强化创新意识、成本意识和利润意识，使股东利益最大化。

面向顾客：

我们坚持与客户达到共赢，公开资讯；我们信守承诺，坚持经营宗旨，不卑不亢，做专业的服务提供者角色；我们重视与客户的长远关系，以市场和销售为导向，以诚信为原则，满足客户的核心需要，让客户获得物有所值的服务。

面向合作伙伴 ：

我们坚守诚信原则，以诚实和互相尊重的方式沟通；我们协同发展，在合作中共赢！

面向公众：

我们不仅关注自身发展，更愿意主动承担社会责任以及慈善工程；我们不仅关注本身行业，更注重与自然、与社会的和谐统一！

4. 中原的宗旨与远景

中原宗旨：

我们勇于担当行业领跑者，发挥行业的社会功能，整合利用社会资源，有责任承担行业健康发展的重任！

中原远景：

我们始终做中国房地产服务领域的领跑者；逐步走向华语、英语乃至世界区域的专业地产服务商。我们立志让中原走近每个人，让中原的生命力生生不息。我们期望将照顾到各方贡献的利益分配模式，推动成为社会的一种主流，应用在各行各业，从根本解决因分配不匀而产生的众多问题。

中原人的精神：我们崇尚快乐拼博，追求自身价值；我们永远充满斗志，从不认输！天行健，我们自强不息；我们遵从自然，坚信我们能在任何环境下生存；我们努力走在行业首位，创造更美好的行业环境；我们上下一心，坚持操守，守卫正气。

三、企业责任

《老子》云："上善若水，水善利万物而不争。"在以老子"无为"、"天道"为管理理论的中原集团，还秉承老子"上善若水"的人文关怀，将慈善事业作为企业文化一项重要内容。从扶贫助学、倡导环保、无偿献血、修建母亲水窖到汶川、海地、玉树地震的捐款等，中原人事无巨细，以水之身形于大地，融生命于万物，润泽生命。

1. 中原慈善组织

中原集团更主张来源于社会，服务于社会，长期积极参与社会公益事业和慈善活动，旗下分公司成立多个慈善组织，如中原慈善基金、利嘉阁蓝色力量慈善会、上海中原爱心社、天津中原爱心社、中原地产关爱基金（深圳）、其他地方公司义工组织等。这些慈善组织通过各种方式，以实际行动回馈社会。

2. 慈善事记（以下为部分选摘，更多慈善事业请关注集团资讯网 www.centaline.com）

赈灾募捐：汶川地震，中原集团下属各公司共捐助善款超过 730 万港币。

玉树地震，香港中原、利嘉阁、深圳中原、重庆等募捐逾 240 万人民币雪灾旱灾，香港、惠州等共募捐逾 200 万人民币。

扶贫助学：母亲水窖，中原地产各下属公司募捐逾 160 万人民币，用于甘肃修建母亲水窖，希望小学，深圳中原、北京中原、上海中原等援建希望小学教育支持，香港、利嘉阁、四川、重庆、浙江、天津等大部分公司支援贫困小学及家庭上百余次。

扶残助残：香港、利嘉阁、深圳、上海等开展各项活动帮助残疾人士。

环保支持：珠海、昆明、香港等多次组织环保活动。

无偿献血：深圳等多次参与无偿献血。

另还参与并资助关注弱势群体、戒毒宣传、奥运宣传等多项公益活动

香港中原——赞助"全港说感恩故事比赛 2011"

利嘉阁蓝善会——慈善电影欣赏会

中原义工队——参加乐施米义卖大行动

中原义工队——关怀艾滋红丝带制作

深圳中原——关爱元平特殊学校爱心探访

中原理财——支持《愿望成真基金》慈善观影礼

四、企业荣誉

中原集团自成立以来，凭借其良好的信誉，专业的服务能力及人性化的管理方式，在市场上树立了良好的口碑，不断获得多种类型的评选奖项和荣誉。

中原荣誉榜一览（以下为近年选摘，更多荣誉请关注集团资讯网 www.centaline.com）

中原集团	连续 2 届获得中国地产经纪年度社会公益大奖 中国地产风尚大奖 2010 中国最具价值地产服务品牌
中原地产	中国驰名商标、中国年度最佳雇主
香港中原	连续 6 年荣膺“信誉品牌金奖
利 嘉 阁	2011“服务第壹大奖”——《壹周刊》评选
北京中原	中国地产新视角 • 金牌地产综合服务机构奖
上海中原	蝉联 10 届金桥奖房屋中介、营销代理 20 强
广州中原	“守合同重信用企业”称号
深圳中原	黄金 10 年顾问服务奖
天津中原	2011 中国地产经纪年度品牌机构奖
重庆中原	2011 重庆地产风云榜 10 大中介企业
四川中原	成都地产年度地产杰出品牌经纪机构
澳门中原	杰出企业品牌大奖
利尊地产	“放心行动”倡导企业
珠海中原	2011 年度优秀房地产经纪机构
河北中原	2011 年度最佳营销代理机构
长春中原	最佳房地产营销策划企业
湖南中原	幸福力 •2011 年度榜样营销代理机构
东莞中原	2011 年度最具影响力中介企业
广州汇翰	2009 年度（中国 • 广州）最值得信赖的按揭机构
中原理财	CAPITAL CEO 非凡品牌大赏

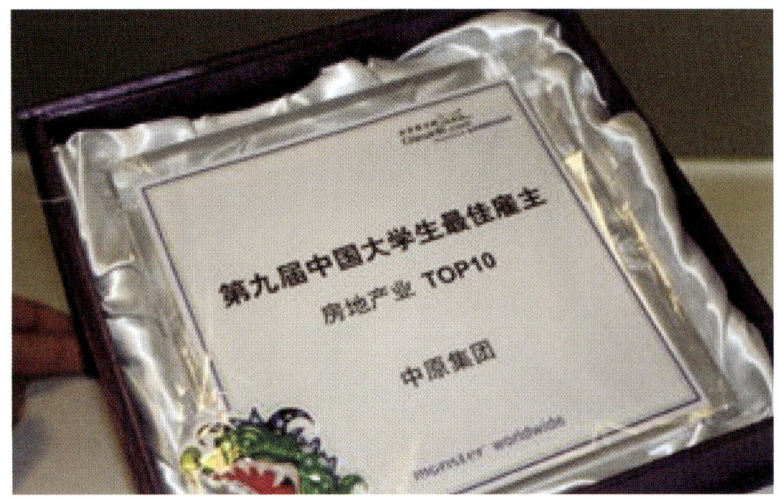

中原集团荣获“中国大学生最佳雇主”
——中华英才网调查

中原集团荣获 2010 中国地产经纪年度社会公益大奖
——搜狐网

中原集团荣获中国地产风尚大奖 2010 最具价值地产服务品牌——博鳌房地产论坛

中原集团荣获中国妇女慈善奖
——中国妇女发展基金会 中华全国妇女联合会

中原集团荣获 2010 中国最具价值企业电子商务奖
——中国电子学会

香港中原 “走先一步，为缘分铺路”
电视广告连获 4 大奖项

香港中原连续 5 年荣膺“信誉品牌金奖”
——《读者文摘》

香港中原连续 8 年获 Yahoo! 感情品牌
——香港雅虎

香港中原荣获“商校伙伴计划”企业精神大奖
——青年企业家发展局

香港中原连续 22 年延续杰出推销员佳绩
——第 43 届杰出推销员颁奖典礼

香港中原荣获香港企业领袖品牌 2010：卓越豪宅物业代理品牌
——新城财经台颁发

香港中原连续 9 年获”商界展关怀”标志

香港中原荣获“香港骄傲企业品牌·消费者大奖”“香港骄傲企业品牌·评审团大奖”
——明报与香港中文大学

中原集团

香港中原连续三年蝉联“服务第壹大奖 2010”

深圳中原荣获“黄金 10 年顾问服务奖”——南方都市报

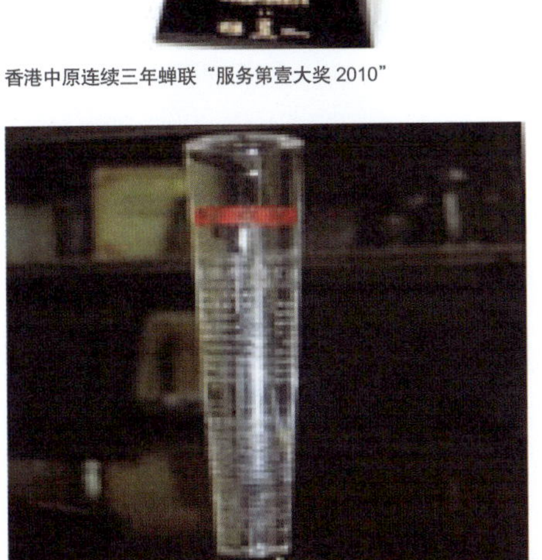

北京中原荣获 2009 年北京标杆营销机构
——新京报第 4 届京城标杆地产评选活动

北京中原荣获 2009 年金牌代理行
——“决胜未来的地产力量”新浪乐居创新峰会

北京中原荣获 2009 中国地产经纪年度品牌机构奖
——搜狐焦点网

北京中原连续 6 年蝉联存量房中介机构服务一级资质
——北京市中介行业协会

上海中原荣获上海市长宁区第 15 届文明单位
——上海市长宁区江苏路社区

上海中原荣获第九届金桥奖
——房屋中介企业 20 强营销代理企业 20 强

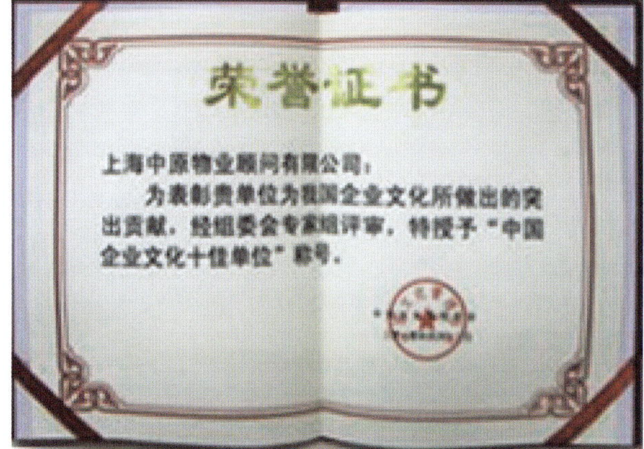

上海中原荣获 2010 年中国企业文化 10 佳单位
——中国文化管理学会颁发

上海中原荣获 2010 年度华东地产经纪行业“最佳雇主奖
——中国华东地产经纪英雄会

上海中原荣获 2010 年度上海市明星中介企业
——房地产时报

四川中原荣获 2010 成都二手房最具影响力品牌企业
——搜房网主办第四届中国购房者大会（成都）

天津中原荣获“功臣企业奖”和“南开区明星企业奖
——中共和平区委及和平区政府

天津中原荣获 2010 年最佳雇主企业奖
——第三届中国天津地产经纪英雄会

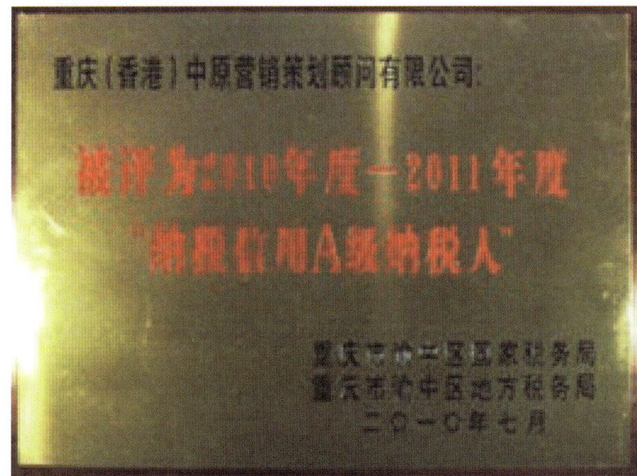

重庆中原荣获 2010—2011 年度纳税信用 A 级纳税人
——重庆市渝中区地税局及国税局

大连中原荣获 2010 大连房地产行业标杆代理机构
——大连晚报

利尊地产荣获搜房网“放心行动”倡导企业
——首届房地产家居电子商务高峰论坛

澳门中原荣获杰出企业品牌大奖
——南华传媒及“资本企业家”主办 2011 澳门荣誉企业巡礼

利嘉阁荣获 2011“服务第壹大奖”
——《壹周刊》评选

利嘉阁荣获第 43 届“杰出推销员奖”（DSA）
——香港管理专业协会 (HKMA)

利嘉阁荣获 2011 TVB 最受欢迎电视广告“荣誉大奖”
——TVB

利嘉阁连续 5 届自 (2005 年始) 获奖“商界展关怀”
——由香港社会服务联会颁发

利嘉阁荣获大中华企业品牌年奖 2010
——第四届盛世大中华

利嘉阁荣获连续 3 年获“中国《信誉企业》品牌认证”殊荣 (始于 2008 年)

中原理财连续四年获“销售业奥斯卡”杰出推销员奖
——香港管理专业协会 (HKMA)

图书在版编目（CIP）数据

中原地产红皮书.2012:全7册/中原集团研究中心著.—北京：中国建筑工业出版社，2012.12

ISBN 978-7-112-14975-9

Ⅰ.①中… Ⅱ.①中… Ⅲ.①房地产业-研究-中国-2012 Ⅳ.①F299.233

中国版本图书馆CIP数据核字（2012）第306073号

责任编辑：徐 纺 滕云飞
美术主管：吉 瑜
美术编辑：冯文杰 张巧珍
设计单位：上海玉锦麟广告传播有限公司

中原地产红皮书2012
中原集团研究中心 著
*
中国建筑工业出版社出版、发行（北京西郊百万庄）
各地新华书店、建筑书店经销
江苏恒华传媒有限公司制版印刷
*
开本：787x1092毫米 1/16 印张：75 1/2 字数：1130千字
2012年12月第一版 2012年12月第一次印刷
定价：880.00元（共七卷）
ISBN 978-7-112-14975-9
（23009）